2./3. Schuljahr

chubi

Lesen und Handeln

Leseförderung mit Sachtexten

Barbara Longerich-Sonnemann
Illustrationen: Mariona Zeich

Kopierrecht

CH-8207 Schaffhausen
service@schubi.com
www.schubi.com

1. Auflage 2014

ISBN 978-3-86723-527-3

No 103 41

MIX
Papier aus verantwortungsvollen Quellen
FSC® C110508

Lesen lernt man am besten durch Lesen

Die Kopiervorlagen (KV) bieten dazu vielfältiges und motivierendes Material an. Die Inhalte greifen Themen aus dem Sachunterricht bzw. aus dem Fachbereich *Natur, Mensch, Gesellschaft* auf und orientieren sich an den Interessen der Mädchen und Jungen.
Kognitionspsychologische Erkenntnisse über den Leseprozess, unterschiedliche Lesestrategien sowie methodische Lernhilfen auf unterschiedlichen Anforderungsniveaus werden berücksichtigt.
Alle Kopiervorlagen werden auf zwei Niveaustufen angeboten:

schwer 

leicht 

Die Differenzierung besteht im Umfang der Texte, in deren Schwierigkeitsgrad sowie in Ausmaß und Art der Texterschließungshilfen, teils durch textentlastende Abbildungen.
Abhängig von Ihrer Unterrichtspraxis entscheiden Sie oder die Kinder selbst, ob die komplexen Angebote, die in der Regel eine größere Selbstständigkeit und Flexibilität erfordern, oder die weniger umfangreichen und stärker vorstrukturierten Angebote gewählt werden.

Lesen bereitet Freude, wenn es als bereichernd und sinnvoll empfunden wird

Die Kopiervorlagen werden diesem Anspruch gerecht, indem sie aus kindgemäßen Inhaltsbereichen Texte anbieten, die in lebendige und spannende Handlungen oder Gestaltungen münden: Wenn man genau und richtig liest, gelingt ein verblüffender Zaubertrick oder eine spannende Demonstration, erschafft man ein individuelles Plakat, Buch oder Spielzeug.

Erfolgreiches Lesen hilft, Fragen zu klären

In der Regel haben die Kinder bei der Bearbeitung der KV Gelegenheit, ihr ‚Weltwissen' einzubringen und zu erweitern, indem sie fragen, vermuten, beurteilen oder weiterführend recherchieren. Auch eigene Stellungnahmen und Meinungen sind gefragt. Dies geht über die in den Texten ablesbaren Informationen hinaus, berührt höhere Anforderungsniveaus und dient der angestrebten Kompetenzerweiterung.

Der Einsatz der Kopiervorlagen

Grundsätzlich bieten sich drei Einsatzmöglichkeiten an:
- als Arbeitsmaterial oder ergänzendes Differenzierungsmaterial im Rahmen des gemeinsamen Unterrichts zum jeweiligen Thema,
- als ständiges Lernangebot im Rahmen freier Arbeitsphasen,
- als Angebot im Rahmen thematisch gebundener Werkstätten zum jeweiligen Thema.

Um eine effektive Leseübung zu gewährleisten, sollten die Texte und Erschließungsaufgaben in Einzelarbeit bearbeitet werden. Kooperative Lernformen entwickeln sich in den Anwendungsaufgaben und Präsentationszusammenhängen geradezu von selbst. Partner- und Gruppenarbeit sind hier z. T. erforderlich, häufig vorteilhaft. Zur Selbstkontrolle liegen zahlreiche Arbeitsblätter mit Lösungen als Download auf der Webseite www.schubi.com vor.

Jedes Thema wird auf zwei Seiten (a und b) bearbeitet. (Ausnahme: KV 11). Aus ökologischen Gründen und im Interesse einer leichteren Handhabung durch die Kinder sollten Sie, wenn möglich, zweiseitig kopieren. Bei einigen KV ist die Bereitstellung zusätzlicher Kopien aus dem Anhang (Ausschneidebögen, Anleitungstexte ...) nötig. Dies entnehmen Sie bitte den Ausführungen in der Tabelle bzw. dem Hinweis in der Kopfzeile ANHANG. Angaben zu den erforderlichen Materialien finden Sie jeweils auf der Kopiervorlage.

Spannende Tricks mit Wasser

Die KV 1 bis 3 bauen aufeinander auf und sind im Idealfall aufeinanderfolgend einzusetzen. Möglich ist aber auch ein Einzeleinsatz von KV 1 und 3. Neben den Sachkenntnissen werden vor allem im Schwierigkeitsgrad *schwer* zunehmend anspruchsvolle prozessuale Kompetenzen wie Vermutungen anstellen, Hypothesen bilden, mit Beobachtungen abgleichen, Versuche durchführen, selbst entwickeln und präsentieren erweitert.

	Inhalt	**Vorbereitung/ Begleitung durch die Lehrkraft**	**Lernzielüberprüfung**	**Ergänzender Kommentar**
1 Ein Berg aus Wasser?	Versuch und Sachtext zur Oberflächenspannung des Wassers	Experimentier-Arbeitsplatz, Möglichkeit zur Präsentation vor der Klasse, ggf. Hilfe bei der Vorbereitung der Präsentation	Präsentation des Versuchs 1000 Erklärung des Phänomens	
2 Eine schwimmende Büroklammer ANHANG 1	Versuch und Sachtexte zur Oberflächenspannung des Wassers	Experimentier-Arbeitsplatz, ggf. weiterführendes Anschauungsmaterial, Sachbücher (z.B. zu Insekten, Wasserläufern)	Durchführung des Versuchs	Bei Interesse: erweiterter Versuch mit Spülmittel
3 Vom Sinken und Auftauchen	Versuch und Sachtexte zur Wasserdichte 1000 Versuchsentwicklung/ Forscherfragen/ Lernplakat	Experimentier-Arbeitsplatz 1000 zusätzlich begleitende Hilfestellungen zur Organisation des selbstentwickelten Versuchs Präsentationsmöglichkeit für das Plakat	Durchführung des Versuchs 1000 Plakat, Merksatz	1000 Evtl. an zwei Tagen bearbeiten, da Kinder das Material selbstständig zusammenstellen sollen.

Wissenswertes über Tiere und Menschen

Die KV 4 bis 8 sind unabhängig voneinander einsetzbar. Sie benötigen längere Bearbeitungszeiten und bieten sich für den Einsatz im fächerübergreifenden Unterricht (Sachunterricht – Deutsch – Kunst – Sport) und für Werkstätten, Projekte oder Wochenarbeitspläne an. Die KV 6 bis 8 eignen sich auch für einen Einsatz im Rahmen der Gesundheitserziehung und für diesbezügliche Schulaktionen.

	Inhalt	**Vorbereitung/ Begleitung durch die Lehrkraft**	**Lernzielüberprüfung**	**Ergänzender Kommentar**
4 **Tiere in freier Natur** ANHANG 2 ANHANG 3 ANHANG 4	Sachtexte und Tabelle zu Waldtieren, Tierbuch	Evtl. Hilfestellung beim Falten des Buches ggf.: Tierbücher für die weiterführende Recherche	Tabelle/eigenes Tierbuch	Der Anhang 2 bietet weitere, differenzierte Texte über Tiere. Die Faltanleitung im Anhang 3 stellt eine weitere komplexe Leseaufgabe dar.
5 **Vom Bild zum Zoo**	Sachtexte zur Tierbegegnung	Die erfolgreiche Gestaltung eines Tiergehege-Modells hängt von den Vorerfahrungen der Kinder mit freieren Gestaltungsaufgaben ab.	Bau eines artgerechten Tiergehege-Modells	Zur weiteren Recherche Tierbücher und Lexika bereithalten. Die Bearbeitung der Fragen 3 und 4 bietet Anlass zu einem Gespräch.
6 **Skelett und Bewegung des Menschen** ANHANG 5	Sachtext und Schaubild zum menschlichen Skelett Inhalt	Anhang 5 auf dünne Pappe kleben. Evtl. Hilfestellung zur Kooperation beim Umgang mit den verschiedenen Gliederpuppen nötig. Mögl. Erweiterung: Gestaltung von Sportplakaten (vgl. KV 7)	Bau und Nutzung der Gliederpuppe	Je nach Bewegung eignet sich die Gliederpuppe im Profil oder die in der Frontalansicht.
7 **Halte dich fit!** ANHANG 3 ANHANG 4 ANHANG 6	Text-Bild-Anleitungen zu Fitnessübungen	Evtl. Hilfestellung beim Falten; Raum geben für das Erproben der Fitnessübungen **Ausnahmsweise nicht zweiseitig kopieren, beide Seiten werden gleichzeitig genutzt!**	Fitnessbuch	Eine Stoppuhr bereithalten. Fächerübergreifendes Arbeiten mit Sportunterricht Ausführen der Übungen, Trainingsplan ... Die Faltanleitung im Anhang 2 stellt eine weitere komplexe Leseaufgabe dar.
8 **Der Blutkreislauf**	Sachtexte zum Blutkreislauf/ Tabelle zu Klassenerhebung	Die Organisation und Durchführung der Klassenerhebung, deren Aktivität sich außerhalb des Klassenzimmers abspielt, sowie die Notation der Ergebnisse in einer Tabelle erfordern Hilfestellungen.	Klassenerhebung	Evtl. wird die Aktion von einzelnen SuS vorbereitet und ausgewertet, aber gemeinsam mit allen durchgeführt.

Länder und Menschen der Welt

Die KV 9 und 12 nutzen den hohen Motivationswert spielerischer Zugänge zum Thema. Das Besondere dabei ist, dass die Kinder ein Quartett und ein Brettspiel selbst gestalten. Gelernt wird bei der Gestaltung wie auch beim anschließenden Spielen mit dem Material. Die KV 10 und 11 folgen einer leicht veränderten Systematik: Vor- und Rückseite der KV 10 beinhalten jeweils zwei Texte zu Kindern aus Indien und Guinea bei gleichem Schwierigkeitsgrad. Nach deren Bearbeitung liefert die Vor- bzw. Rückseite der KV 11 eine Anwendungsaufgabe im jeweiligen Schwierigkeitsgrad.

	Inhalt	**Vorbereitung/ Begleitung durch die Lehrkraft**	**Lernzielüberprüfung**	**Ergänzender Kommentar**
9 Europa ANHANG 7	Informationstexte und Landkarte zu Europa / Europaquartett	Bei der Gestaltung der Quartettkarten ist möglicherweise die Hilfe der Lehrkraft oder eine Mustervorlage notwendig. Evtl. müssen die Quartettregeln gemeinsam zusammengetragen werden.	Quartettkarten	Evtl. Sachbücher, Lexika und das Internet zur weiteren Recherche bereithalten. Bei der kleinen Sprachübung kommt es nicht auf die korrekte Aussprache, sondern auf das Entwickeln von Sprachgefühl an. Als Arbeitsform bietet sich für die Gestaltung des Quartetts die Gruppenarbeit an.
10 So lebt Aamal – So lebt Mamadou	Sachtexte zu Kindern unterschiedlicher Herkunft	Die Lehrkraft kann die Informationen zu den betreffenden Ländern ergänzen. **Achtung: Die Anwendungsaufgabe zu KV 10 befindet sich auf KV 11.**	auf KV 11	Evt. ergänzendes Material zu Indien und Guinea bereithalten. Die Lehrkraft sollte eine positive Identifizierung unterstützen. Das Leben von Aamaal und Mamadou sollte in Abgrenzung zum eigenen Leben der Kinder als anders, aber nicht als defizitär wahrgenommen werden.
11 Wer lebt wie?	„Mini-Interviews"	Anregung einer Zusammenstellung der Mini-Interviews an der Klassenzimmerwand als Klassenporträt. Alternativ: fiktive Interviews zu Kindern anderer Länder erstellen.	eigene Interviews	**KV 11 nicht doppelseitig kopieren!** Die Reduzierung auf wenige Worte bei den Interviews stellt die besondere Herausforderung dar.
12 Das Länderspiel ANHANG 8 ANHANG 9	Länder-Tabelle 1000 Länder-Brettspiel mit Rätselkarte, Sach- und Anleitungstexte	ggf. Unterstützung bei der Orientierung in der Tabelle	Spielgestaltung – stimmige Frage-Antwort-Zuordnungen/ regelgetreues Spielen	Spielfiguren und Würfel bereithalten, ebenso evtl. Sachbücher, Lexika und Internet zur weiteren Recherche bereitstellen. Anhang 9 im DIN-A3-Format kopieren. Das Spiel kann in das Lernangebot für freie Arbeitsphasen übergehen.

Abenteuerspielzeug

Die KV 13 bis 15 stellen Gestaltungsanregungen dar, die im Rahmen des Kunst- und Sachunterrichts eingesetzt werden können. Während das Materialangebot bei KV 13 vielfältig sein sollte, benötigen KV 14 und KV 15 mehr Zeit und Raum zum spielerischen Ausprobieren und für den Wettstreit.

	Inhalt	Vorbereitung/ Begleitung durch die Lehrkraft	Lernzielüberprüfung	Ergänzender Kommentar
13 Boote bauen	Bastelanleitung für ein Boot	Das Material und die Werkzeuge sollten über einen längeren Zeitraum verfügbar sein (Materialkiste/Kunstregal). Evtl. Anschauungsmaterial zu Booten bereitstellen.	eigene Bootsgestaltungen	Die Lehrkraft sollte Wert auf den Gebrauch der Fachterminologie legen.
14 Die rasende Rakete ANHANG 10	Bauanleitung Rakete/ Versuchsaufba / Sachtext zum Rückstoßantrieb	Hilfestellung bei der Suche nach einem geeigneten Platz für den Versuchsaufbau. Der Faden sollte über mind. 3 Meter und mit Gefälle gespannt werden, um einen beeindruckenden Effekt zu erzielen.	gelungener Versuchsaufbau	
15 Das fliegende Ufo ANHANG 10	Bastelanleitung für ein Ufo/Anleitung für die Durchführung und Auswertung eines Wettbewerbs/ Bewertungsbogen	Die Organisation und Durchführung des Wettbewerbes, vermutlich auf dem Schulhof, erfordert Hilfestellungen	funktionstüchtige Modelle/Wettbewerbsdurchführung und Bewertung	

Vorhang auf für eine Zaubervorführung

Die KV 16 bis 18 stellen erhöhte Anforderungen an die Präsentationskompetenzen der Kinder. Die Zaubervorführungen sind für das Publikum und die Zauberer und Zauberinnen nur dann gewinnbringend, wenn die Tricks präsent und überzeugend vorgeführt werden. Darum ist für die Vorbereitung der Präsentation ausreichend Zeit und ggf. Feedback durch die Lehrkraft oder eingeweihte Kinder einzuplanen. Da dies der thematische Schwerpunkt der KV 16a ist, empfiehlt es sich, diese Anregungen in der gegebenen Reihenfolge zu bearbeiten.

	Inhalt	Vorbereitung/ Begleitung durch die Lehrkraft	Lernziel-überprüfung	Ergänzender Kommentar
16 Der verzauberte Luftballon	Anleitung für eine Zaubervorführung	Benötigt wird unbedingt ein Raum zur konsequent ungestörten Vorbereitung der Vorführung. Zeit für Proben einplanen.	Gelungene Zaubervorführung	Lehrerfeedback nach den Probevorführungen.
17 Die magischen Bänder	Anleitung für einen Zaubertrick	s. KV 16	Gelungene Zaubervorführung	KV 16: Trick 2 baut auf Trick 1 auf.
18 Die Geisterschachtel	Anleitung für einen Zaubertrick	evtl. Zündköpfchen vorher abtrennen	Gelungene Zaubervorführung	Der Trick benötigt ein wenig Geschick. Die Vorbereitung kritisch begleiten, damit die Vorführung klappt.

KV 1a Ein Berg aus Wasser?

① **Vermute und kreuze an.**

Kannst du aus Wasser einen kleinen Berg formen?

☐ ja ☐ nein

Hat Wasser eigentlich eine Haut?

☐ ja ☐ nein

② **Probiere es in einem Versuch aus.**
Lies zuerst alle Schritte.
Lies dann noch einmal Schritt für Schritt.
Führe den Versuch durch.

Das brauchst du:
- einen Teller
- einen Lappen
- zwei Gläser
- eine Flasche mit Leitungswasser
- ein Trinkröhrchen

1. Stelle ein Glas auf den Teller.
2. Fülle es bis zum Rand mit Wasser.
3. Fülle das andere Glas nur bis zur Hälfte.
4. Sauge mit dem Trinkröhrchen aus dem halb gefüllten Glas etwas Wasser an. Klemme das Röhrchen unter der Lippe mit Daumen und Zeigefinger ab, so dass kein Wasser herausläuft.
5. Halte das Röhrchen verschlossen über das volle Glas. Gib nach und nach vorsichtig ein paar Wassertropfen dazu. Wiederhole dies, so oft es geht.

③ **Siehst du den kleinen Berg, der sich an der Wasseroberfläche wölbt? Kannst du dir erklären, wie das möglich ist? Schreibe auf.**

Ich vermute, ____

____

- Leseerwartung aufbauen • eine Versuchsanleitung verstehen und ausführen
- Vorwissen nutzen und eigene Gedanken entwickeln

④ **Wie entsteht der kleine Berg an der Wasseroberfläche? Lies den Text genau.**

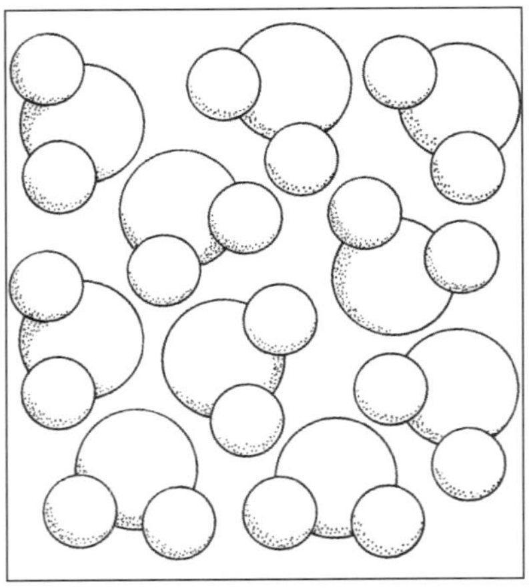
Wassermoleküle, die sich gegenseitig anziehen

Eine wichtige Eigenschaft des Wassers

Wasser besteht aus vielen kleinen **Teilchen**, die du mit den Augen nicht erkennen kannst. Diese Teilchen nennt man **Wassermoleküle**. Die Teilchen ziehen sich gegenseitig an, so dass sie ganz dicht beieinanderliegen und sich **festhalten**. So bilden sie an der Wasseroberfläche eine Art **Haut**. Unter dieser Haut kann sich das Wasser in einem Glas nach oben wölben. Ein richtiger kleiner **Berg** entsteht. Aber wenn es zu viel Wasser wird, geht die Wasserhaut kaputt.

---

⑤ **Lies die Fragen. Unterstreiche im Text die Antworten auf die Fragen.**

1. Was sind Wassermoleküle?
2. Wie entsteht die Wasserhaut?
3. Was geschieht, wenn sich zu viel Wasser unter der Haut sammelt?

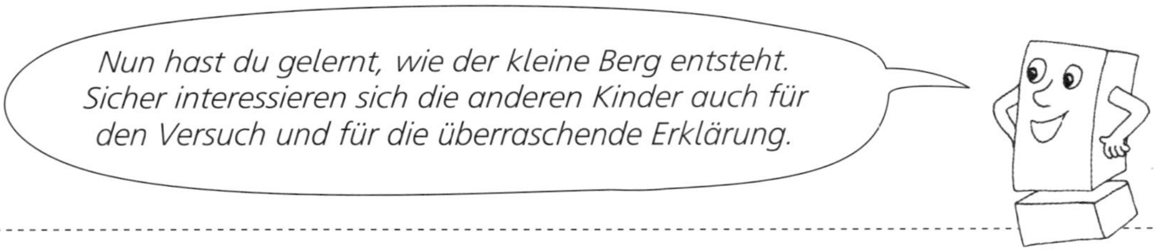

---

⑥ **Führe deinen Versuch vor. Beachte dabei die folgenden Tipps.**

- Präge dir die Begründungen gut ein. Wichtige Wörter kannst du dir notieren.
- Merke dir die Reihenfolge der einzelnen Schritte des Versuchs.
- Überlege dir, was du an welcher Stelle sagst. Sollen die anderen raten? Wann und was sollen sie raten?

- mit Hilfe von Fragen Informationen im Text für den eigenen Wissensaufbau entnehmen
- Anleitung und Informationen in einer strukturierten Präsentation verarbeiten, Merkpunkte beachten

KV 1a Ein Berg aus Wasser?

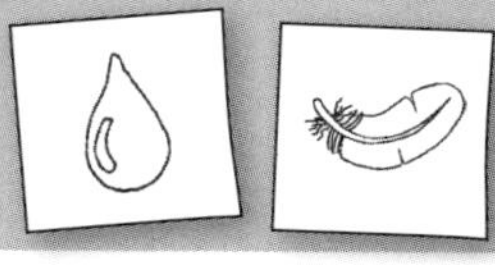

① **Mache diesen spannenden Versuch.**
Lies zuerst alle Schritte.
Schau dir auch die Bilder genau an.
Lies dann noch einmal Schritt für Schritt.

Das brauchst du:
- einen Teller
- einen Lappen
- zwei Gläser
- eine Flasche mit Leitungswasser
- ein Trinkröhrchen

1. Stelle **ein** Glas auf den Teller.

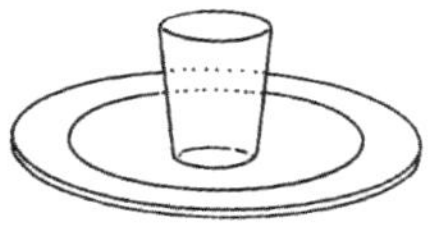

2. Fülle es bis zum Rand mit Wasser.

3. Fülle **das andere** Glas nur bis zur Hälfte.

4. Sauge mit dem Trinkröhrchen aus dem **zweiten** Glas etwas Wasser an. Klemme das Röhrchen unter der Lippe mit Daumen und Zeigefinger ab. Jetzt läuft kein Wasser heraus.

5. Halte das Röhrchen verschlossen über das volle Glas. Gib nach und nach vorsichtig ein paar Wassertropfen dazu. Wiederhole dies, so oft es geht.

② **Beschreibe, was du siehst.**

Berg	Haut	Wasseroberfläche	entsteht

____

____

____

KV 1b Ein Berg aus Wasser?

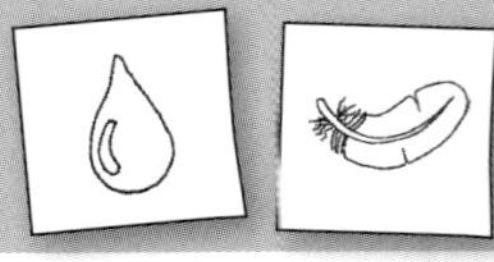

③ Wie entsteht der kleine Berg an der Wasseroberfläche? Lies den Text genau.

Eine wichtige Eigenschaft des Wassers

Wasser besteht aus vielen kleinen **Teilchen**. Du kannst sie nicht sehen. Die Teilchen ziehen sich an. Sie liegen eng beieinander. Sie halten sich fest. An der Wasseroberfläche bilden sie eine Art **Haut**. Unter dieser Haut entsteht der Wasserberg. Aber wenn es zu viel Wasser wird, geht die Wasserhaut kaputt.

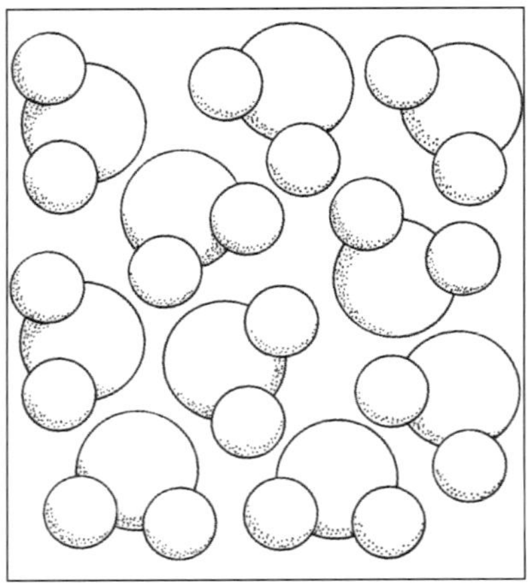

Wassermoleküle, die sich gegenseitig anziehen

---

④ Lies die Fragen. Unterstreiche im Text die Antworten.

1. Woraus besteht Wasser (Zeile 1)?
2. Wie entsteht die Wasserhaut (Zeile 3 bis 5)?
3. Was geschieht, wenn es zu viel Wasser wird (Zeile 6 bis 8)?

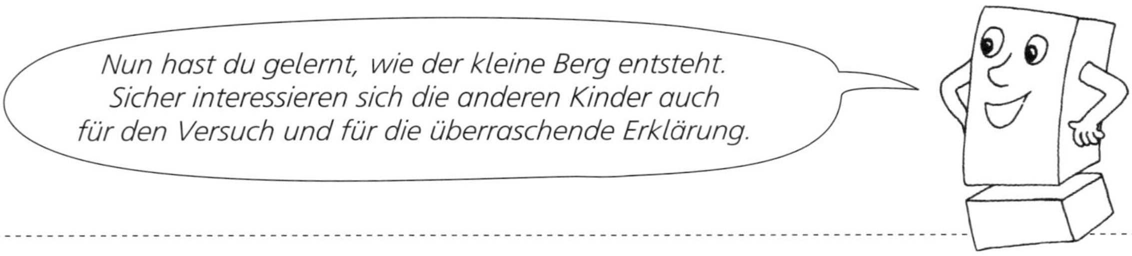

---

⑤ Führe deinen Versuch vor.

- mit Hilfe von Fragen und Markieren Informationen in einem kurzen Sachtext finden
- Gelesenes und Erfahrenes in einer Präsentation wiedergeben, Illustration als Abstützung

KV 2a Eine schwimmende Büroklammer

① **Lies den Text.**

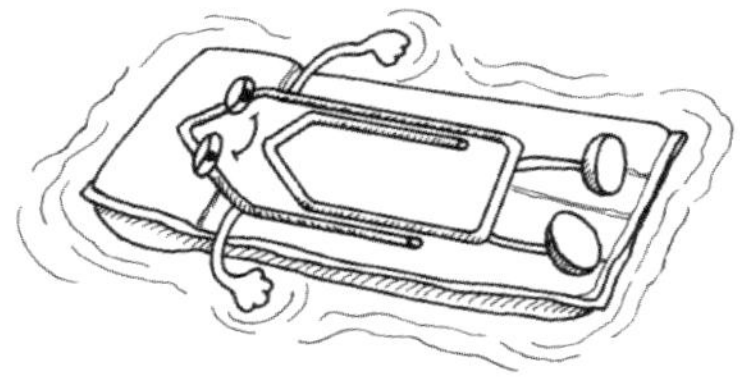

Die Wasserhaut

Du hast gelernt, dass Wasser eine Art Haut hat. Aber wie fest ist diese Wasserhaut? Was kann sie tragen? Sicher hast du schon beobachtet, dass einige Gegenstände schwimmen, andere im Wasser untergehen.

Normalerweise gehen Gegenstände aus Metall im Wasser unter. Sie sind nämlich schwerer als das Wasser, das sie zur Seite schieben. Auch Büroklammern sind aus Metall und gehen eigentlich unter. Mit einem kleinen Trick kannst du aber eine Büroklammer schwimmen lassen.

---

② **Wie kannst du eine Büroklammer schwimmen lassen? Kreuze an.**

☐ mit einem Trick ☐ mit Kraft

---

③ **Probiere den Trick aus.**
Lies zuerst alle Schritte.
Lies dann noch einmal Schritt für Schritt.
Führe den Trick durch.

Das brauchst du:
- eine Schüssel, randvoll mit Wasser gefüllt
- einige Büroklammern
- ein Papiertaschentuch
- eine Schere

1. Schneide ein kleines Stück von dem Papiertaschentuch ab.
2. Ziehe die oberste Schicht ab und lege die Klammer darauf.
3. Lege das Papier mit der Klammer sehr vorsichtig auf das Wasser in der Schüssel.

Wenn du ganz vorsichtig bist, klappt es auch ohne das Papiertaschentuch. Sogar mit einer Nadel!

---

④ **Vermute und beobachte, was geschieht.**
Mehrere Antworten sind richtig. Kreuze sie an.

☐ Die Klammer drückt das Papier unter Wasser.
☐ Die Klammer schwimmt. Das Papier ist wie eine Luftmatratze.
☐ Die Büroklammer ist so schwer, dass sie eine kleine Delle in die Wasserhaut drückt.
☐ Die Klammer versinkt mit dem Papier.
☐ Die Oberfläche des Wassers bleibt ganz gerade.

- Vorwissen nutzen, um Vermutungen zu einem Text zu entwickeln
- eine Versuchsanleitung verstehen und ausführen
- zutreffende und unzutreffende Aussagen unterscheiden

KV 2b Eine schwimmende Büroklammer

(5) Lies den Text.

Die Wasserhaut kann kleine Dinge tragen, auch wenn diese eigentlich so schwer sind, dass sie untergehen müssten. Diese Kraft des Wassers nennt man **Oberflächenspannung**.

In der Natur kannst du diese Eigenschaft beobachten, wenn du **Insekten** über das Wasser laufen siehst. Sie werden von der **Wasserhaut getragen**.

Wenn du ein wenig **Spülmittel** in das Wasser tropfst, bleiben kleine Teilchen der Seife oben auf dem Wasser liegen. Sie drängen sich zwischen die Wasserteilchen. Jetzt können die sich nicht mehr aneinander festhalten. **Die Haut geht kaputt**.

Öl ist leichter als Wasser. Deshalb schwimmt es auf der Wasserhaut. Wenn ein Tanker auf dem Meer verunglückt, läuft das Öl aus. Dann breitet sich ein **Ölteppich** aus. Dieses Öl im Meer tötet viele Tiere.

(6) Lies die Sätze. Streiche die falschen Wörter durch.

Die Wasserhaut kann [kleine] [schwere] Dinge tragen.

Insekten werden von der Wasserhaut [verletzt] [getragen] .

Kleine Teilchen von Spülmittel [gehen unter] [bleiben auf dem Wasser liegen] .

Öl [steht] [schwimmt] auf der Wasserhaut.

(7) Schneide die Bilder aus und klebe sie passend neben den Text.

- komplexe Informationen aus einem Sachtext entnehmen und für den eigenen Wissensaufbau nutzen
- zutreffende und unzutreffende Aussagen unterscheiden
- Textstellen passende Illustrationen zuordnen

KV 2a Eine schwimmende Büroklammer

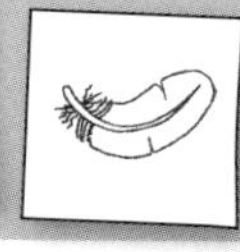

① **Probiere den Trick aus.**
Lies zuerst alle Schritte.
Lies dann noch einmal Schritt für Schritt.
Führe den Trick durch.

Das brauchst du:
- eine Schüssel, randvoll mit Wasser
- einige Büroklammern
- ein Papiertaschentuch
- eine Schere

1. Schneide ein kleines Stück von dem Papiertaschentuch ab.

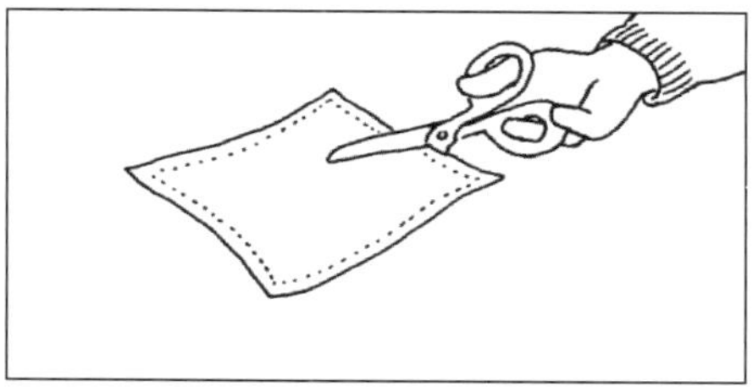

2. Ziehe die oberste Schicht ab.

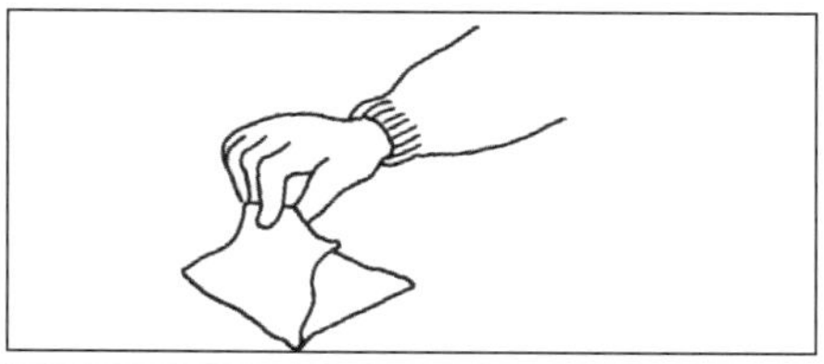

3. Lege die Klammer darauf.

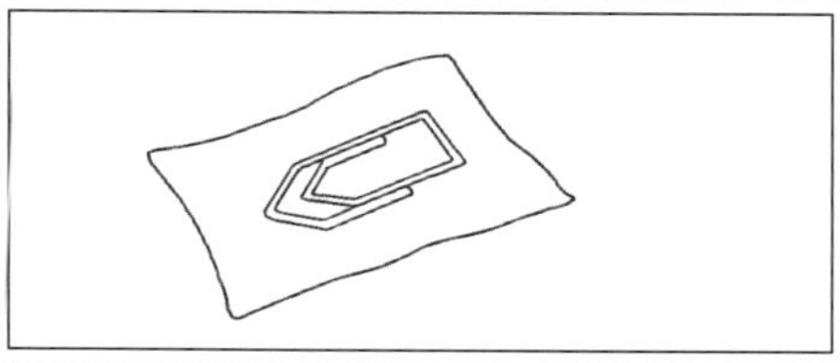

4. Lege das Papier mit der Klammer sehr vorsichtig auf das Wasser.

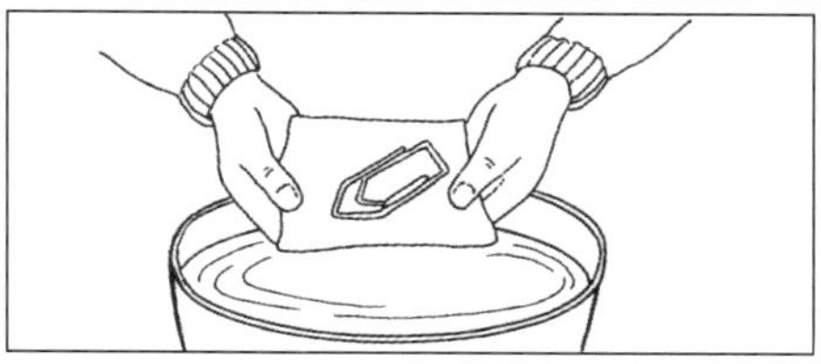

---

② **Beobachte, was geschieht.**
Mehrere Antworten sind richtig.
Kreuze sie an.

- ☐ Die Klammer drückt das Papier unter Wasser.
- ☐ Das Papier saugt sich mit Wasser voll und sinkt.
- ☐ Die Klammer schwimmt.
- ☐ Die Klammer versinkt mit dem Papier.

- eine Versuchsanleitung mit Bildunterstützung verstehen und ausführen
- zutreffende und unzutreffende Aussagen unterscheiden

KV 2b Eine schwimmende Büroklammer

③ **Lies den Text.**

Die Wasserhaut kann kleine Dinge tragen.

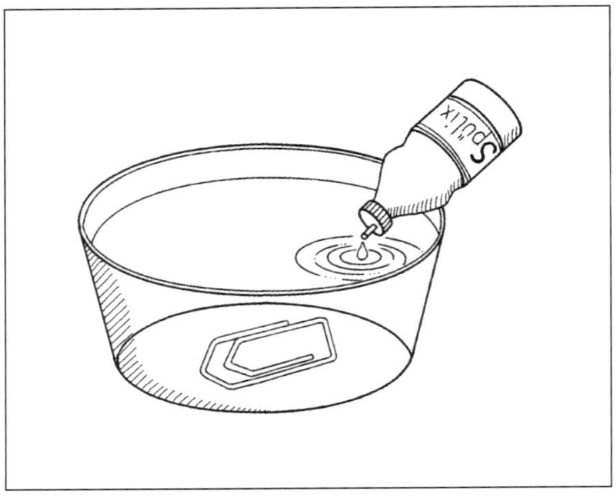

Spülmittel zieht die Wasserteilchen auseinander und zerstört die Wasserhaut.

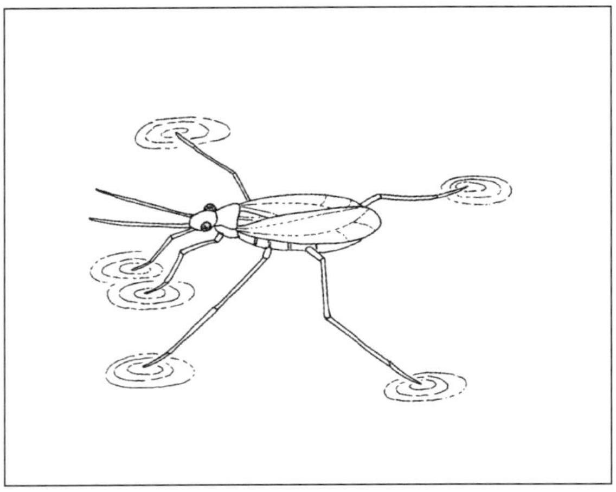

Manche Insekten können auf dem Wasser laufen.

Öl ist leichter als Wasser. Wenn es ins Meer läuft, tötet es Tiere.

④ **Lies die Sätze. Streiche die falschen Wörter durch.**

Die Wasserhaut kann | kleine | schwere | Dinge tragen.

Insekten können auf dem Wasser | stechen | laufen |.

Spülmittel zieht die Wasserteilchen | zusammen | auseinander |.

Öl ist | leichter | schwerer | als Wasser.

- Sätze zu einem Sachthema mit Bildunterstützung verstehen
- zutreffende und unzutreffende Aussagen unterscheiden

KV 3a Vom Sinken und Auftauchen

(1) **Lies den Text.**

Auf dem Wasser liegen

Zwischen Israel, Palästina und Jordanien gibt es einen See. Dieser See wird Totes Meer genannt. Auf dem Toten Meer können die Menschen auf dem Wasser treiben und Zeitung lesen. Ganz ohne Schwimmnudeln oder Luftmatratzen! Warum geht das dort wohl?

Im Wasser des Toten Meeres ist ungefähr sieben Mal so viel Salz wie im Mittelmeer. Das Tote Meer hat also einen hohen Salzgehalt. Je mehr Salz im Wasser ist, desto weniger leicht kann darin etwas sinken. Durch das Salz wird das Wasser dichter. Die Wasserteilchen halten noch mehr zusammen. Und das Tote Meer hat das salzigste Wasser auf der Welt. Kein Wunder, dass man dort auf dem Wasser liegen und Zeitung lesen kann!

---

(2) **Ergänze die Sätze.**

Der See mit dem besonders salzigen Wasser wird ____________________ genannt.

Menschen können dort beim Baden ____________________________________

____________________________ .

Das liegt an dem hohen ____________________ des Wassers.

Je ___________ Salz im Wasser ist, desto besser trägt das Wasser die Dinge.

Sie können weniger leicht ________________ .

Wenn ich will, dass etwas nicht gut im Wasser einsinkt,

kann ich ____________ in das Wasser mischen.

Das Salz macht das Wasser ________________.

- komplexe Informationen aus einem Sachtext entnehmen und für den eigenen Wissensaufbau nutzen
- Schlüsselinformationen in einem Lückentext wiedergeben

KV 3b Vom Sinken und Auftauchen

③ **Lies den Text.**

So arbeiten Forscher

Forscher untersuchen in **Experimenten** die Wirklichkeit. Dabei vergleichen sie ihre **Vermutungen** mit ihren **Beobachtungen**. Sie vermuten zum Beispiel, dass ein einfacher Korken auf dem Wasser schwimmt. Oder sie vermuten, dass ein Eisenknopf nicht auf dem Wasser schwimmt. Die Forscher denken sich **Versuche** aus, mit denen sie diese Vermutungen **beweisen** können. Sie **schreiben auf**, was sie herausgefunden haben. So können alle Menschen davon lernen.

Hast du eine Vermutung, **wie du ein Ei aus dem Wasser auftauchen lassen kannst**? Den Versuch dazu sollst du dir ausdenken.

---

④ **Spannende Forscherfragen: Schreibe deine Vermutungen in die linke Spalte der Tabelle. Ergänze deine Beobachtungen später.**

1. Was passiert, wenn du ein Ei vorsichtig in einen hohen, mit Wasser gefüllten Rührbecher legst?
2. Wie kannst du ein Ei zum Schwimmen bringen?
3. Welches Material brauchst du für einen Versuch? Wie viel davon?

Frage	Vermutung	Beobachtung
1.		
2.		
3.		

---

⑤ **Führe nun einen Versuch durch. Besorge dir das benötigte Material. Notiere in der Tabelle deine Beobachtungen. Vergleiche mit deinen Vermutungen.**

---

⑥ **Beschreibe deinen Versuch auf einem Plakat für die anderen Kinder. Schreibe darauf auch einen Merksatz.**

- Informationen aus einem Sachtext entnehmen • Vorwissen für einen Versuch nutzen
- Vermutungen und Beobachtungen in einer Tabelle notieren • Erfahrenes und Gelerntes auf einem Plakat präsentieren

KV 3a Vom Sinken und Auftauchen

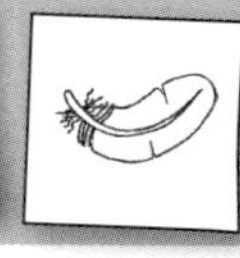

(1) **Lies den Text.**

Auf dem Wasser liegen

Es gibt einen See, der Totes Meer genannt wird. Auf dem Toten Meer können die Menschen auf dem Wasser treiben und Zeitung lesen. Warum geht das dort wohl? Im Wasser des Toten Meeres ist sehr viel Salz. Durch das Salz wird das Wasser dichter. Die Wasserteilchen halten noch mehr zusammen. Deshalb sinkt alles nicht so leicht. Kein Wunder, dass man im Toten Meer auf dem Wasser liegen und Zeitung lesen kann!

---

(2) **Ergänze die Sätze.**

1. Der See mit dem besonders salzigen Wasser wird
   T______________ M ______________ genannt.

2. Menschen können dort beim Baden
   Zei______________ l ______________.

3. Das liegt an dem vielen S______________ im Wasser.

4. Je m______________ Salz im Wasser ist,
   desto besser trägt das Wasser die Dinge.

5. Sie können weniger leicht ______________.

- Informationen aus einem Sachtext entnehmen
- Schlüsselinformationen in einem illustrierten Lückentext mit Lösungshilfe wiedergeben

KV 3b Vom Sinken und Auftauchen

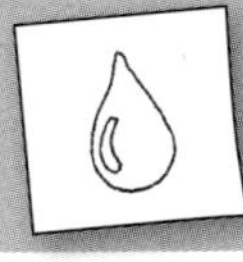

③ **Lies den Text.**

So arbeiten Forscher

Forscher untersuchen viele Dinge. Dabei vergleichen sie ihre **Vermutungen** mit ihren **Beobachtungen**. Die Forscher denken sich **Versuche** aus, mit denen sie ihre Vermutungen beweisen können. Sie **schreiben auf**, was sie herausgefunden haben. So können alle Menschen davon lernen.

---

④ **Beantworte die Fragen.**

Was tun Forscher? ______________________________

Was vergleichen Forscher? ______________________________

Was denken Forscher sich aus? ______________________________

---

⑤ **Führe den Versuch eines Forschers durch.**

1. Lege das Ei vorsichtig in den Rührbecher mit dem Wasser.

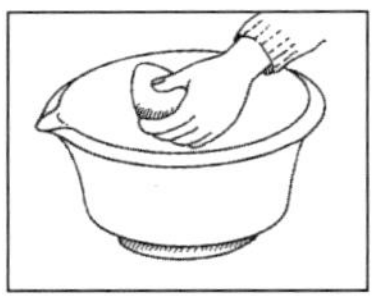

2. Gib das Salz dazu.

Das brauchst du:
- einen Rührbecher, mit Wasser gefüllt
- ein rohes Ei
- eine Packung Salz

---

⑥ **Was kannst du bei dem Versuch beobachten? Schreibe auf.**

____

____

____

- Informationen aus einem Sachtext entnehmen • Fragen zum Text beantworten
- eine einfache Versuchsanleitung verstehen und ausführen • Beobachtungen notieren

KV 4a Tiere in freier Natur

ANHANG ②

① **Lies die Texte über die Waldtiere.**

Der **Iltis** gehört zur Familie der Marder. Er ist lang, dünn und hat kurze Beine. Sein Fell ist braun und kann Flecken haben. Der Iltis wird auch Stinker genannt. Unter dem Schwanz hat er zwei Stinkdrüsen. Wenn er sich bedroht fühlt, sprüht er eine Flüssigkeit. Sie riecht schlecht. Der Iltis lebt im Wald, am Wasser und in der Nähe von Menschen. Tagsüber schläft er. Nachts jagt er Ratten und Wühlmäuse.

Der **Fuchs** lebt im Wald, in der Nähe von Feldern und in Parks. Er hat einen Fuchsbau unter der Erde. Besonders gern mag er Mäuse, aber er frisst eigentlich fast alles, sogar tote Tiere. So sorgt der Fuchs dafür, dass sich von den toten Tieren keine Krankheiten ausbreiten. Deshalb kann man ihn auch Gesundheitspolizist nennen. Der Fuchs ist schlank, hat eine spitze Schnauze und einen buschigen Schwanz. Sein Fell ist auf dem Rücken rötlich, am Bauch hell.

Der **Hase** hat ein braunes Fell, das helle und graue Stellen haben kann. Er hat sehr lange Ohren, die sogenannten Löffel. Die Hinterbeine sind länger als die Vorderbeine. Der Hase läuft schneller, als ein Auto in der Stadt fährt. Auf der Flucht schlägt er Haken und weicht so seinen Feinden aus. Er lebt auf Wiesen, Feldern und im Wald. Der Hase ist ein Pflanzenfresser. Er ernährt sich von Gräsern, Kräutern und Blättern.

- komplexe Informationen aus einem Sachtext entnehmen und für den eigenen Wissensaufbau nutzen

(2) **Unterstreiche im Text farbig:**
Sätze zum Aussehen gelb
Sätze zum Lebensraum grün,
Sätze zur Nahrung blau,
Sätze zu einer Besonderheit rot.

(3) **Schreibe Informationen zu jedem Tier in Stichworten in die Tabelle.**

	Iltis	**Fuchs**	**Hase**
Aussehen			
Lebensraum			
Nahrung			
Besonderheit			

(4) **Gestalte ein eigenes Buch über die Tiere.**

1. Falte das Buch nach der Anleitung.
   Wenn es mehr Seiten haben soll, klebe mehrere Bücher aneinander.
2. Wähle die Tiere aus, die in dein Buch kommen sollen.
3. Suche Bilder von den Tieren.
4. Schreibe immer auf eine Seite einen Text.
   Male auf die andere Seite ein Bild von dem Tier.

- Textstruktur erkennen und zur Verständnissicherung markieren • Textinformationen in einer Tabelle ordnen
- Informationen aus den Sachtexten für die Gestaltung eines eigenen Tierbuches nutzen

① Lies die Texte über die Waldtiere.

Der **Iltis** ist lang und dünn. Er hat kurze Beine. Sein Fell ist braun und kann Flecken haben.	Aussehen
Der Iltis lebt im Wald und am Wasser.	Lebensraum
Er frisst Ratten und Wühlmäuse.	Nahrung
Der Iltis wird auch Stinker genannt. Manchmal fühlt er sich bedroht. Dann sprüht er eine Flüssigkeit. Sie riecht schlecht.	Besonderheit

Der **Fuchs** hat eine spitze Schnauze und einen buschigen Schwanz. Sein Fell ist auf dem Rücken rot. Am Bauch ist es hell. Der Fuchs lebt im Wald und in der Nähe von Feldern. Besonders gern mag er Mäuse. Aber er frisst auch tote Tiere. So säubert er den Wald. Deshalb nennt man ihn auch Gesundheitspolizist.

Der **Hase** hat braunes Fell. Er hat sehr lange Ohren. Sie werden Löffel genannt. Der Hase lebt auf Wiesen, Feldern und im Wald. Er ist ein Pflanzenfresser. Er ernährt sich von Gräsern, Kräutern und Blättern. Der Hase läuft schneller, als ein Auto in der Stadt fährt.

• Informationen aus einem vorgegliederten Sachtext entnehmen

(2) **Unterstreiche im Text farbig:**
Sätze zum Aussehen gelb
Sätze zum Lebensraum grün,
Sätze zum Futter blau,
Sätze zu einer Besonderheit rot.

(3) **Schreibe die wichtigsten Dinge zu jedem Tier in die Tabelle.**

	Iltis	**Fuchs**	**Hase**
Aussehen			
Lebensraum			
Nahrung			
Besonderheit			

(4) **Gestalte ein eigenes Buch über die Tiere.**

1. Falte das Buch nach der Anleitung.
2. Wähle die Tiere für dein Buch aus.
3. Schreibe immer auf eine Seite einen Text.
4. Male auf die andere Seite ein Bild von dem Tier.

- gezielt Informationen im vorgegliederten Text markieren • zentrale Textelemente in einer Tabelle notieren
- Informationen aus den Sachtexten für ein eigenes Tierbuches nutzen

KV 5a Vom Bild zum Zoo

(1) **Lies den Text.**

Wie die Menschen früher Tiere zeigten

Schon immer gehörten die Tiere zu den Menschen. Menschen beobachten die Tiere, jagen sie oder freunden sich mit ihnen an. Und sie bilden die Tiere ab: auf Gemälden, aus Ton geformt, in Stein gehauen oder ausgestopft.

Schon die Menschen der Steinzeit malten Tiere auf die Wände der Felsen. Solche **Höhlenmalereien** sind die frühesten Bilder von Tieren, die wir kennen.

Im alten Ägypten wurden einige **Tiere als Götter** verehrt. Wir finden Bilder von ihnen in den Pyramiden und Tempeln.

Forscher, die in ferne Länder reisten, brachten Bilder von **fremden Tieren** mit. Die Leute betrachteten diese Tiere neugierig. Sie wunderten sich, wie viele verschiedene Tierarten es auf der ganzen Welt gibt. Sie wollten mehr über die unbekannten Tiere wissen.

Immer öfter wurden deshalb Tiere aus weit entfernten Ländern lebend in Käfige eingesperrt. Sie wurden den Menschen in Zoos oder als **wandernde Tiersammlung** vorgeführt.

---

(2) **Nummeriere die Bilder in der Reihenfolge, die zum Text passt.**

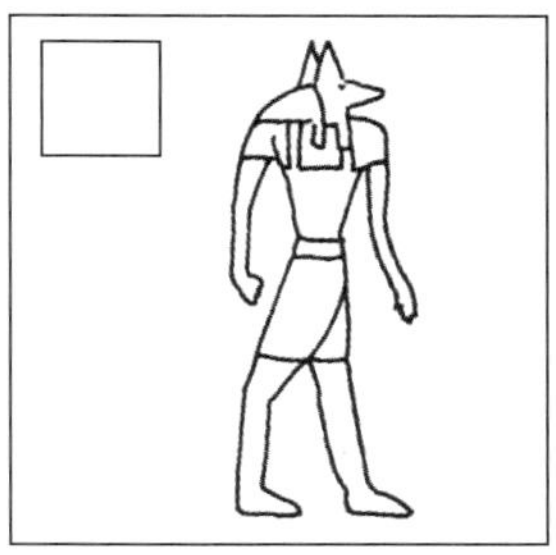

---

(3) **Was ist wohl eine wandernde Tiersammlung? Schreibe deine Vermutung auf.**

____

---

(4) **Viele Menschen fanden die Tierhaltung in Käfigen nicht gut. Was glaubst du, warum?**

____

____

- Informationen aus einem Sachtext entnehmen
- Abbildungen zum Verstehen des Textes nutzen
- die Bedeutung unbekannter Wörter aus dem Kontext erschließen
- eigene Gedanken zu Textaussagen formulieren

KV 5b Vom Bild zum Zoo

(5) **Lies den Text.**

Wie wir heute Tiere zeigen

Vor über hundert Jahren eröffnete Carl Hagenbeck in Hamburg den ersten Zoo ohne Käfige. Die Umgebung der Tiere sollte wie in deren Heimat sein. Dies nennt man **artgerechte Tierhaltung**. Sie wurde zum Vorbild für die Zoos unserer Zeit.

(6) **Verbinde die richtigen Satzteile.**

Damit die Tiere sich wohlfühlen, brauchen sie

Damit die Besucher die Tiere gut sehen können, gibt es heute

Tiere, die in freier Natur gern schwimmen,

Scheue Tiere

Wenn die Tiere aus warmen Ländern kommen,

Einige Tierschützer meinen, dass

Glasfenster statt Gitter.

ein Gehege, das an ihre Heimat erinnert.

brauchen einen Teich.

bekommen sie Heizungen und Wärmelampen.

Tierarten wie Eisbären und Elefanten gar nicht in unseren Ländern leben sollten.

müssen sich verstecken können.

(7) **Baue in einem Schuhkarton ein artgerechtes Gehege.**

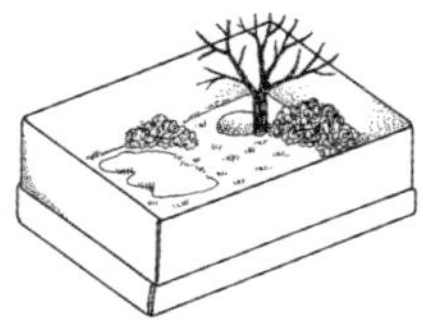

1. Wähle ein Zootier, das dich besonders interessiert.
2. Informiere dich in Tierbüchern oder im Internet: Was braucht dein Tier?
3. Suche Material, mit dem du eine Wohlfühl-Welt für dein Tier bauen kannst.

- Textfragmente zum eigenen Wissensaufbau zusammenfügen
- Informationen aus dem Sachtext für eine Gestaltungsarbeit nutzen • ggfs. weitere Informationsquellen nutzen

KV 5a Vom Bild zum Zoo

① **Lies den Text.**

Wie die Menschen früher Tiere zeigten

Schon immer gehörten die Tiere zu den Menschen. Die Menschen der Steinzeit malten Tiere auf die Wände der Felsen.

Im alten Ägypten wurden einige Tiere als Götter verehrt.

Forscher reisten in weit entfernte Länder. Sie brachten Bilder von unbekannten Tieren mit. Die Menschen wollten mehr über diese Tiere wissen.

Immer öfter wurden deshalb fremde Tiere lebend in Käfige eingesperrt. Sie wurden den Menschen in Zoos oder als wandernde Tiersammlung vorgeführt.

② **Nummeriere die Bilder in der Reihenfolge, die zum Text passt.**

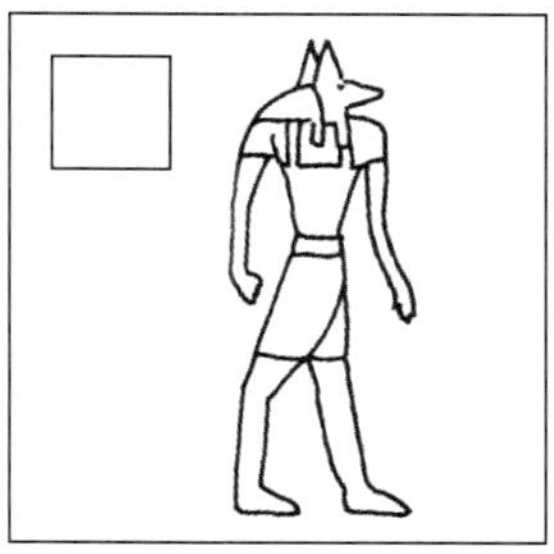

③ **Was ist wohl eine wandernde Tiersammlung? Kreuze an.**

- ☐ Menschen wandern und sammeln Tiere.
- ☐ Menschen fahren mit Tieren in Käfigen von Ort zu Ort.

④ **Viele Menschen fanden die Tierhaltung in Käfigen nicht gut. Was glaubst du, warum?**

____

____

- Informationen aus einem Sachtext entnehmen • Abbildungen zum Verstehen des Textes nutzen
- die Bedeutung unbekannter Wörter aus dem Kontext erschließen • eigene Gedanken zu Textaussagen formulieren

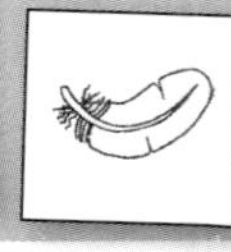

(5) **Lies den Text.**

Wie wir heute Tiere zeigen

Vor über hundert Jahren gab es in Hamburg den ersten Zoo ohne Käfige. Die Umgebung der Tiere sollte wie in deren Heimat sein. Dies nennt man **artgerechte Tierhaltung**. Sie wurde zum Vorbild für die Zoos unserer Zeit.

---

(6) **Was ist artgerechte Tierhaltung? Unterstreiche im Text die Erklärung.**

---

(7) **Verbinde die richtigen Satzteile.**

Die Tiere fühlen sich wohler,	wenn ihr Gehege so wie ihre Heimat ist.
Tiere, die gern schwimmen,	brauchen einen Teich.
Ängstliche Tiere	dass Eisbären und Elefanten nicht bei uns leben sollten. Ihre Gehege sind oft zu klein.
Einige Tierschützer meinen,	müssen sich verstecken können.

---

(8) **Baue in einem Schuhkarton ein artgerechtes Gehege.**

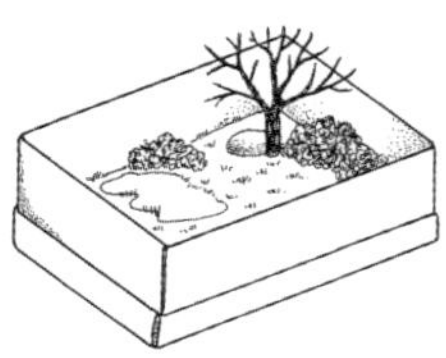

1. Wähle ein Zootier, das dich besonders interessiert.
2. Informiere dich in Tierbüchern oder im Internet: Was braucht dein Tier?
3. Suche Material, mit dem du eine Wohlfühl-Welt für dein Tier bauen kannst.

- die Bedeutung eines unbekannten Wortes aus dem Kontext erschließen
- Textfragmente sachlich richtig zusammenfügen • Informationen aus dem Sachtext für eine Gestaltungsarbeit nutzen

KV 6a Skelett und Bewegung des Menschen

(1) **Wie gut kennst du deinen Körper? Vermute.**

Sind Knochen beweglich? ____________________

Was ist die Aufgabe der Knochen? ____________________

Wie viele Knochen hat ein Erwachsener? ____________________

(2) **Lies den Text genau.**

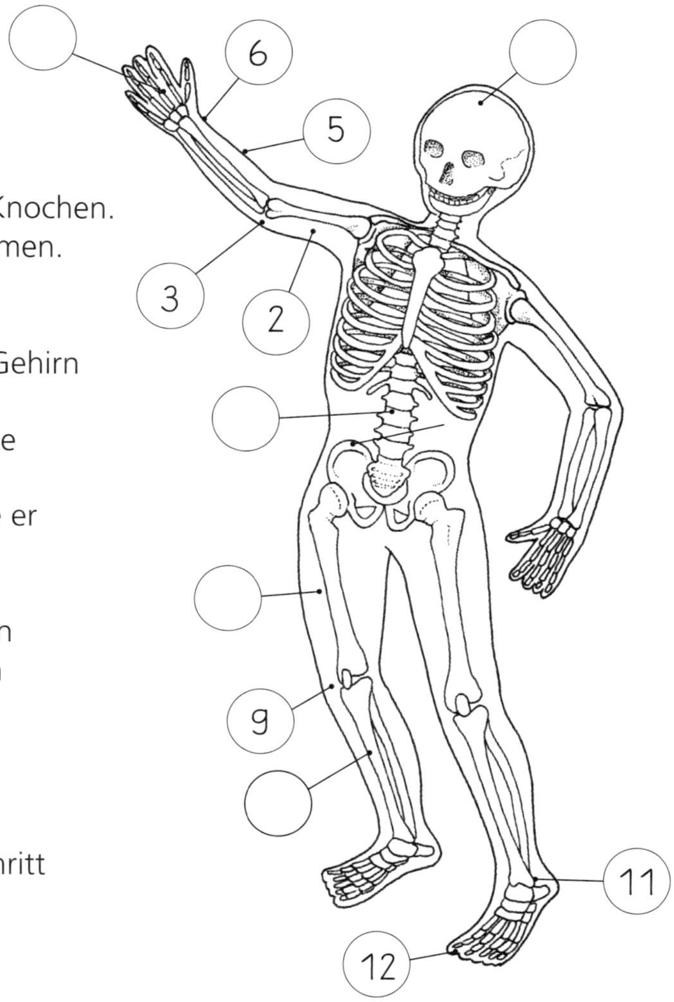

Was den Menschen zusammenhält

Das Knochengerüst des Menschen wird auch Skelett genannt. Ein Säugling hat über 300 Knochen. Einige davon wachsen in der Kindheit zusammen. Erwachsene haben ungefähr 206 Knochen. Die Knochen des Kopfes sind der Schädel. Der harte Schädel schützt das empfindliche Gehirn vor Verletzungen. Im Rücken verbindet die Wirbelsäule alle Teile des Skeletts miteinander. Knochen stützen den Körper. Ohne sie würde er zusammenfallen. Knochen sind hart und unbeweglich. Trotzdem sorgen sie dafür, dass wir Menschen uns bewegen können. Sie tun das zusammen mit den Muskeln, den Sehnenbändern und den Gelenken. Gelenke nennt man die Stellen, an denen zwei Knochen zusammentreffen. Das Knie ist ein Gelenk, das du bei jedem Schritt brauchst. Es verbindet den Oberschenkel mit dem Unterschenkel.

(3) **Trage die fehlenden Zahlen in die Abbildung ein.**

1 Schädel	4 Wirbelsäule	7 Hand	10 Unterschenkel
2 Oberarm	5 Unterarm	8 Oberschenkel	11 Sprunggelenk
3 Ellenbogen	6 Handgelenk	9 Knie	12 Zehen

(4) **Unterstreiche die Stellen, die Antworten auf die Fragen in Aufgabe 1 geben. Verbessere oder ergänze danach deine Antworten.**

- Vorwissen nutzen, um Vermutungen zu einem Text zu entwickeln • gezielt Textstellen markieren
- ein Schaubild richtig beschriften • Informationen aus einem Sachtext entnehmen • den eigenen Wortschatz erweitern

(5) **Wähle eine Vorlage für eine Gliederpuppe aus. Bastele die Gliederpuppe.**

1. Schneide alle Körperteile der Puppe sorgfältig aus.
2. Stich mit dem Vorstecher und dem Hammer an jedem Kreuz ein Loch.
3. Verbinde die Körperteile an den Gelenken mit Klammern.
4. Nun kannst du die Puppe bewegen.

Das brauchst du:
- den Ausschneidebogen
- eine Schere
- einen Vorstecher und einen Hammer
- Musterbeutelklammern

---

(6) **Biege die Körperteile an den Gelenken so, dass eine passende Bewegung aus dem Sport entsteht. Lass ein anderes Kind raten, welche Sportart dargestellt ist.**

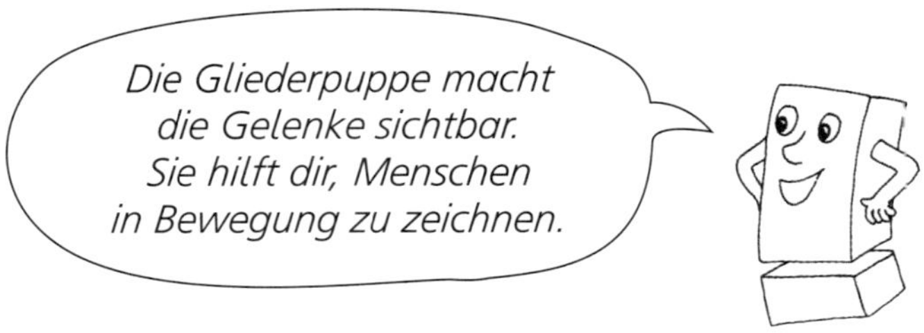

---

(7) **Kannst du deinen Sport mit deiner Puppe nicht gut darstellen? Tausche mit einem Kind, das die andere Puppe gebastelt hat.**

---

(8) **Zeichne die Puppe ab. Zeichne sie in der Bewegung eines Sportlers oder einer Sportlerin. Wähle dazu eine der folgenden Sportarten. Du kannst natürlich auch eine andere Sportart zeichnen.**

Ball spielen	reiten	Ballett tanzen	Karate

- eine Bastelanleitung und Gestaltungsvorschläge verstehen und ausführen

① **Lies den Text genau.**

Was den Menschen zusammenhält

Alle Knochen des Menschen zusammen werden Skelett genannt. Ein Baby hat über 300 Knochen. Einige davon wachsen in der Kindheit zusammen. Erwachsene haben ungefähr 206 Knochen. Die Knochen des Kopfes sind der Schädel.

Im Rücken verbindet die Wirbelsäule alle Teile des Skeletts miteinander. Knochen stützen den Körper. Ohne sie würde er zusammenfallen. Knochen sind hart.

Gelenke nennt man die Stellen, an denen zwei Knochen zusammentreffen. Durch die Gelenke kannst du dich bewegen. Das Knie ist ein Gelenk im Bein, das du beim Laufen brauchst. Es verbindet den Oberschenkel mit dem Unterschenkel.

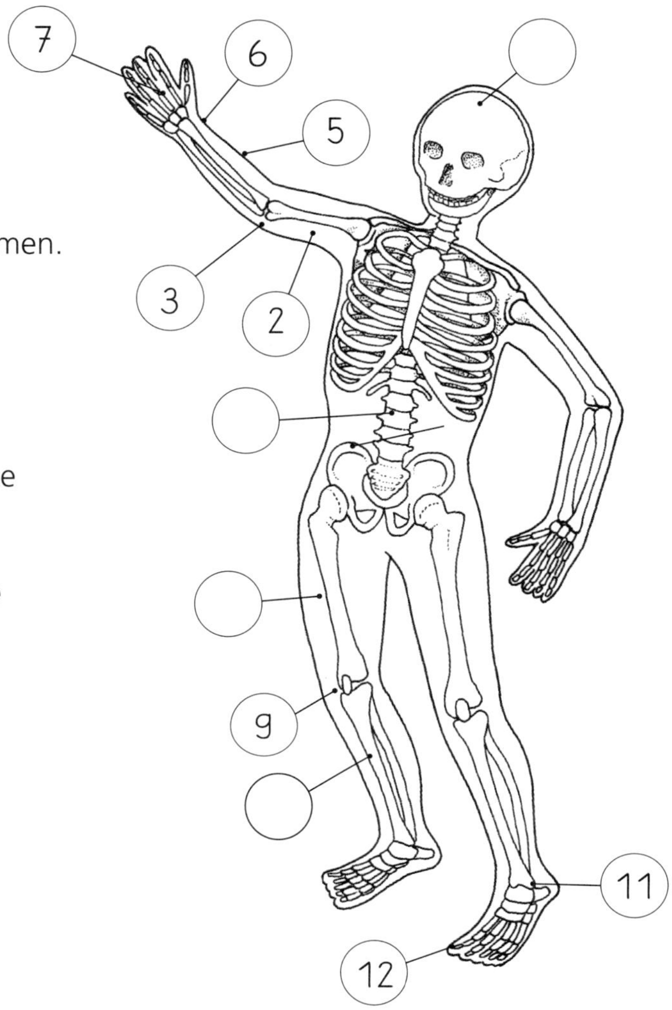

② **Finde die Zahlen auf dem Bild.**
Trage die fehlenden Zahlen ein.

(1) Schädel
(2) Oberarm
(3) Ellenbogen
(4) Wirbelsäule
(5) Unterarm
(6) Handgelenk
(7) Hand
(8) Oberschenkel
(9) Knie
(10) Unterschenkel
(11) Sprunggelenk
(12) Zehen

• einen Text mit Schaubild verstehen • Schlüsselbegriffe zuordnen

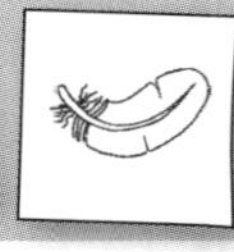

③ Bastle die Gliederpuppe.

Das brauchst du:
- den Ausschneidebogen
- eine Schere
- einen Vorstecher und einen Hammer
- Musterbeutelklammern

1. Schneide alle Körperteile der Puppe sorgfältig aus.

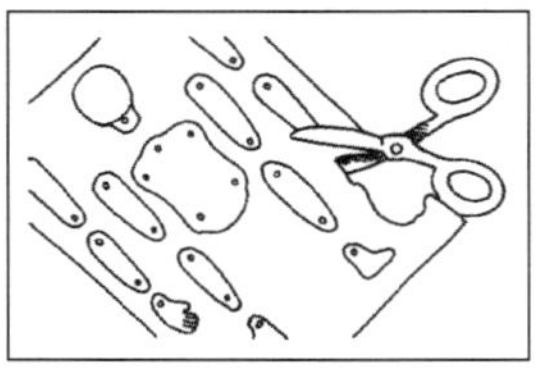

2. Stich mit dem Vorstecher und dem Hammer an jedem Kreuz ein Loch.

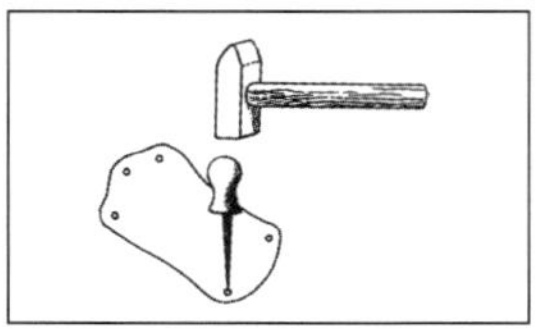

3. Verbinde die Körperteile an den Gelenken mit Klammern.

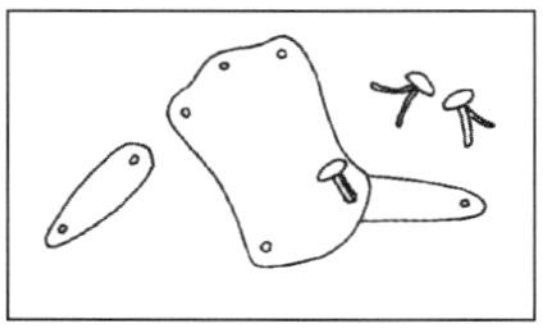

4. Nun kannst du die Puppe bewegen.

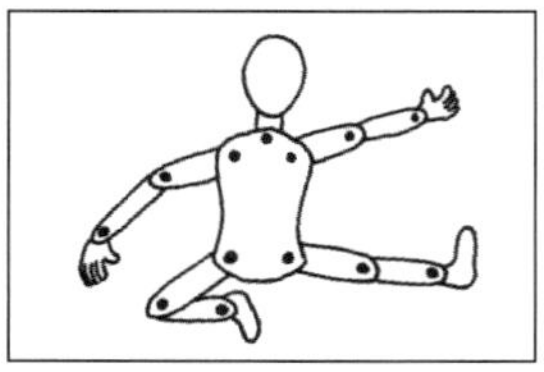

---

④ Biege die Körperteile an den Gelenken so, dass eine passende Bewegung aus dem Sport entsteht.

---

⑤ Zeichne die Puppe ab. Wähle drei Bewegungen. Schreibe dazu, welcher Sport es ist.

- eine illustrierte Bastelanleitung und Gestaltungsvorschläge verstehen und ausführen

(1) **Lies, wie sich die Kinder der Fitnessschule fit halten.**
Unterstreiche die Körperteile rot.
Unterstreiche die Bewegungen blau.

Er zieht abwechselnd ein Bein nach oben: ______________

Sie streckt abwechselnd einen Arm seitlich über den Kopf: ______________

Sie fasst abwechselnd den rechten und linken Unterschenkel

und zieht ihn an den Po: ______________

Er bewegt seinen Oberkörper an der Tischkante auf und ab: ______________

Er drückt im Sitzen seinen Bauch und Po nach oben: ______________

Sie streckt abwechselnd die Arme nach oben: ______________

Er fasst beide Hände und stemmt seine Arme nach oben: ______________

Er geht abwechselnd in die Hocke und steht wieder auf: ______________

---

(2) **Finde die Kinder auf dem Bild von der Fitnessschule.**
Schreibe ihre Namen zu den Sätzen von Aufgabe 1.

---

(3) **Kennst noch andere Übungen?**
Zeichne eine Übung in das freie Zimmer der Fitnessschule.

---

(4) **Gestalte ein eigenes Fitnessbuch.**

1. Falte das Buch nach der Anleitung.
   Wenn es mehr Seiten haben soll,
   klebe mehrere Bücher aneinander.
2. Wähle mindestens fünf Übungen aus, die dir gut gefallen.
3. Zeichne oder klebe sie in dein eigenes Fitnessbuch.
4. Beschreibe die Übungen.

- Schlüsselwörter in einem Text markieren • eine Bild-Text-Zuordnung vornehmen
- eine Bastelanleitung und Gestaltungsvorschläge verstehen und ausführen

KV 7b Halte dich fit!

- Textinformationen in einem komplexen Bild wiederfinden

KV 7a Halte dich fit!

ANHANG 6

① **Suche die Kinder zu den Übungen auf dem Ausschneidebogen.**

② **Schneide sie aus und klebe sie in ihren Raum.**

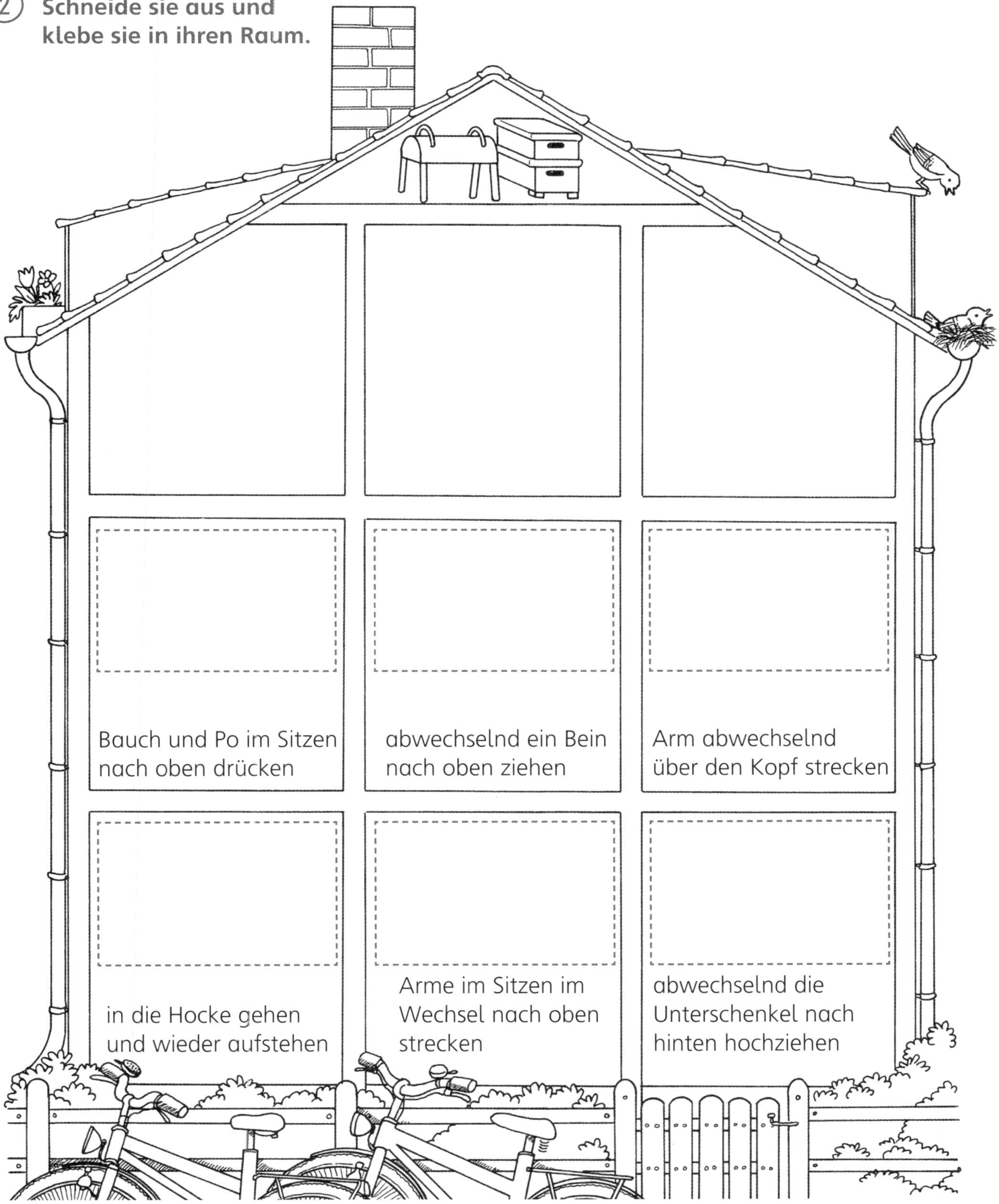

- Bilder zur Verständnissicherung zuordnen

③ Ergänze die Namen der Kinder.

__________ zieht abwechselnd ein Bein nach oben.

__________ streckt abwechselnd einen Arm seitlich über den Kopf.

__________ fasst abwechselnd den rechten und linken Unterschenkel und zieht ihn an den Po.

__________ drückt im Sitzen seinen Bauch und Po nach oben.

__________ streckt abwechselnd die Arme nach oben.

__________ geht in die Hocke und steht wieder auf.

---

④ Kennst du noch andere Übungen? Zeichne sie in die freien Zimmer der Fitnessschule.

---

⑤ Gestalte ein eigenes Fitnessbuch.

1. Falte das Buch nach der Anleitung. Wenn es mehr Seiten haben soll, klebe mehrere Bücher aneinander.

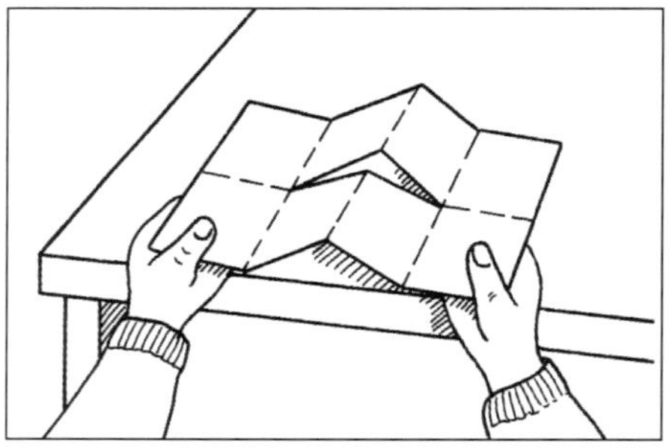

2. Wähle mindestens fünf Übungen aus, die dir gut gefallen.
3. Zeichne oder klebe sie in dein eigenes Fitnessbuch.

- Textinformationen in Abbildungen wiederfinden
- eine Bastelanleitung und Gestaltungsvorschläge verstehen und ausführen

① **Führe einen Versuch durch.**

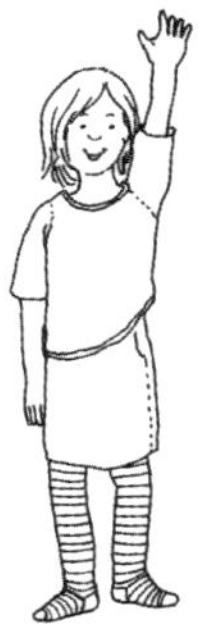

1. Stelle dich gerade hin.
2. Strecke einen Arm in die Höhe.
3. Lasse den anderen Arm unten.
4. Zähle langsam bis 60. Bleibe in dieser Zeit in dieser Haltung.
5. Lege nun beide Hände nebeneinander und vergleiche.

② **Lies den Text genau.**

Der Blutkreislauf

Durch die Adern in unserem Körper strömt Blut bis in die Finger- und Zehenspitzen. Das Blut versorgt den Körper mit Nahrung und Sauerstoff. Damit das Blut überall hingelangt, pumpt das Herz pausenlos. Das Herz ist ein Muskel. Es ist ungefähr so dick wie deine Faust. Wenn du dich anstrengst, braucht dein Körper mehr Sauerstoff. Das Herz pumpt stärker. Man sagt dann auch: „Mein Herz klopft“, weil man das Pochen deutlich fühlen kann. Dieses Pochen nennt man Pulsschlag.

③ **Beschrifte die Bilder mit Hilfe des Textes.**

 das ____________________

 die ____________________

④ **Kreuze die richtigen Antworten an.**

Womit versorgt das Blut den Körper?

☐ mit Nahrung und Sauerstoff ☐ mit Wasser und Nahrung

Wann braucht der Körper mehr Sauerstoff?

☐ wenn er schläft ☐ wenn er sich anstrengt

Was nennt man Pulsschlag?

☐ das Pochen des Herzens ☐ das Pochen der Haut

- einen Beobachtungsauftrag verstehen und ausführen
- Informationen aus einem Sachtext entnehmen und für den eigenen Wissensaufbau nutzen
- Bilder zu einem Sachtext richtig beschriften • zutreffende und unzutreffende Aussagen unterscheiden

KV 8b Der Blutkreislauf

⑤ **Lies den Text.**

Der Pulsschlag

An deinem Handgelenk liegen die Adern direkt unter der Haut. Dort kannst du den Pulsschlag gut fühlen. Du kannst ihn auch sehen, wenn du genau hinschaust. Drücke zwei Finger fest auf die Stelle unterhalb des Daumens. Nun kannst du das Pochen des Herzens spüren. Wenn ein Sportler oder eine Sportlerin den Puls misst, drückt er die Stelle am Daumen für 60 Minuten und zählt dabei das Pochen.

---

⑥ **Wo steht das? Ordne den Bildern Zeilen im Text zu.**

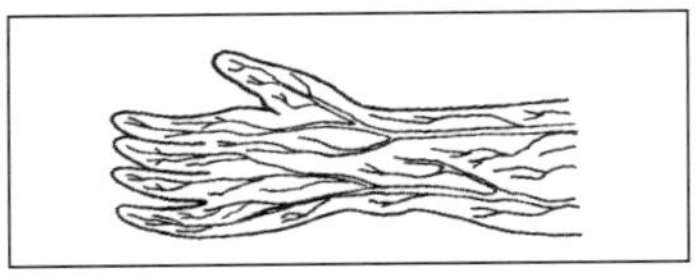

Zeile: ____________

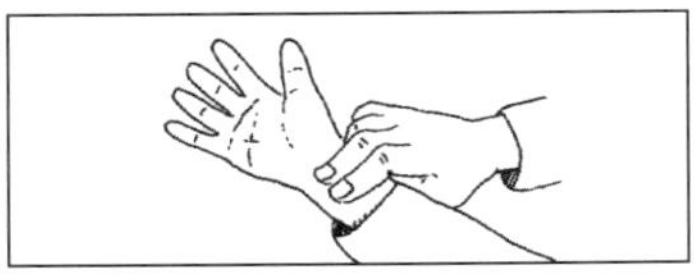

Zeilen: ____________

---

⑦ **Führt in der Klasse einen Versuch durch.**

1. Zeichnet eine Tabelle. Ihr braucht für jedes Kind eine Zeile.
2. Tragt die Namen der Kinder in die erste Spalte ein.
3. Messt mit Hilfe einer Stoppuhr euren Puls, wenn ihr ausgeruht seid.
4. Tragt die Zahl der Pulsschläge für jedes Kind in die zweite Spalte ein.
5. Lauft nun eine Runde über den Schulhof.
6. Messt euren Puls sofort danach noch einmal.
7. Tragt die Ergebnisse in die dritte Spalte ein.
8. Ruht euch mindestens zwei Minuten aus und messt noch einmal. Vergesst das Eintragen nicht!
9. Vergleicht die Ergebnisse. Was fällt euch auf?

Spalte ↓

Zeile →

Pulsschläge in einer Minute			
Janne			
Janis			

KV 8a Der Blutkreislauf

① Führe einen Versuch durch.

1. Stelle dich gerade hin.
2. Strecke einen Arm in die Höhe.
3. Lasse den anderen Arm unten.
4. Bleibe so stehen. Zähle langsam bis 60.
5. Lege nun beide Hände nebeneinander. Vergleiche.

② Was fällt dir auf? Kreuze an.

☐ Beide Hände sind rot. ☐ Eine Hand ist heller als die andere.

③ Lies den Text genau.

Der Blutkreislauf

Durch die Adern in unserem Körper strömt Blut. Das Blut versorgt den Körper mit Nahrung. Damit das Blut überall hinkommt, pumpt das Herz pausenlos. Das Herz ist ein Muskel. Es ist ungefähr so dick wie deine Faust. Wenn du dich anstrengst, pumpt das Herz stärker. Man sagt dann auch: „Mein Herz klopft.“ Dieses Klopfen nennt man Pulsschlag.

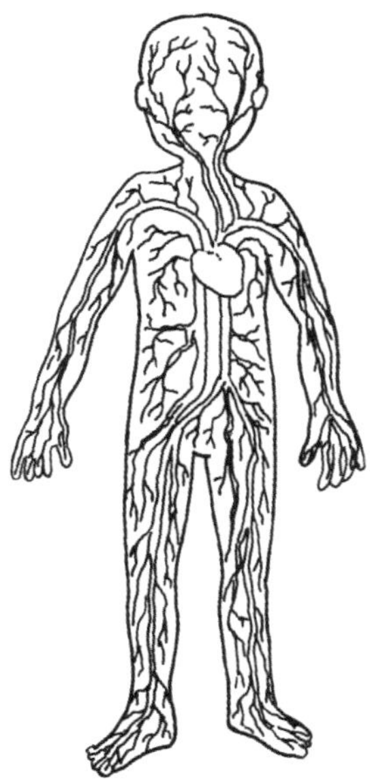

④ Was nennt man Pulsschlag? Kreuze die richtige Antwort an.

☐ das Klopfen des Herzens ☐ das Klopfen der Haut

- einen Beobachtungsauftrag verstehen und ausführen
- Informationen aus einem bildunterstützten Sachtext entnehmen
- zutreffende und unzutreffende Aussagen unterscheiden

KV 8b Der Blutkreislauf

(5) Lies den Text.

1. Tragt die Namen der Kinder in die erste Spalte der Tabelle ein.

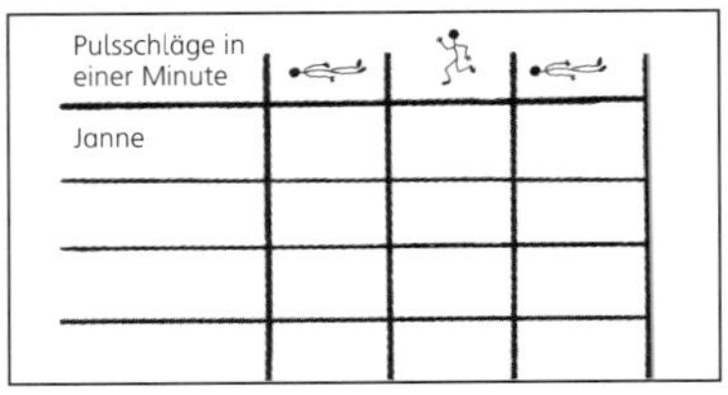

2. Messt mit Hilfe einer Stoppuhr euren Puls, wenn ihr ausgeruht seid.

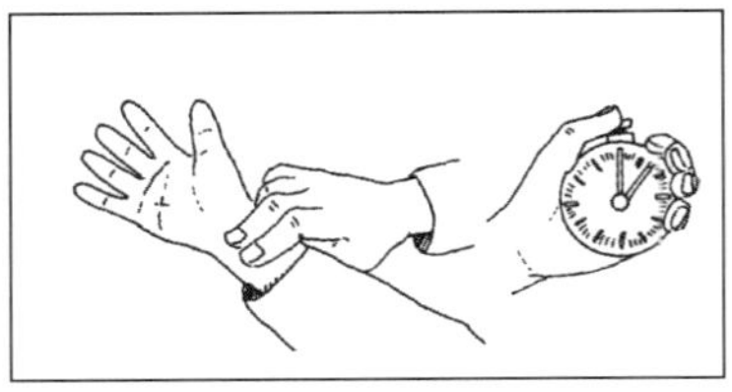

3. Tragt die Zahl der Pulsschläge für jedes Kind in die zweite Spalte ein.

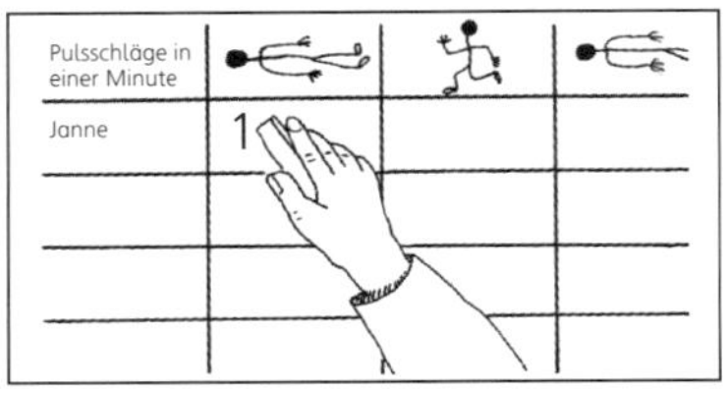

4. Lauft nun eine Runde über den Schulhof.

5. Messt euren Puls sofort danach noch einmal.
6. Tragt die Ergebnisse in die dritte Spalte ein.
7. Ruht euch mindestens zwei Minuten aus und messt noch einmal.
   Vergesst das Eintragen nicht!

8. Vergleicht die Ergebnisse. Was fällt euch auf?

↓ Spalte

Pulsschläge in einer Minute			

- eine bildunterstützte Anleitung verstehen und umsetzen
- eine Tabelle lesen und ausfüllen

① Lies den Text genau.

Jedes Land ist anders

Der Kontinent, auf dem du wohnst, ist Europa. Zu Europa gehören 47 Länder.

Die Länder sind verschieden. In Spanien ist es oft sehr warm. In Russland ist es in einigen Gebieten bitterkalt. In der Schweiz gibt es viele hohe Berge. Großbritannien liegt auf einer Insel im Meer. Deutschland und Frankreich sind Nachbarländer.

Jedes Land in Europa hat eine eigene Fahne, die Nationalflagge. Bei wichtigen Feiern, zum Beispiel bei den Olympischen Spielen, tragen die Menschen die Flaggen ihrer Länder. Daran erkennst du, woher jemand kommt.

Jedes Land hat eine Hauptstadt. Meistens arbeitet die Regierung eines Landes in der Hauptstadt. Die Hauptstadt von Deutschland ist Berlin. Die Hauptstadt von Frankreich ist Paris. In der Schweiz wird die Hauptstadt Bern Bundesstadt genannt.

---

② Unterstreiche im Text die Ländernamen. Suche diese Länder auf der Karte. Findest du das Land, in dem du wohnst? Male es rot an.

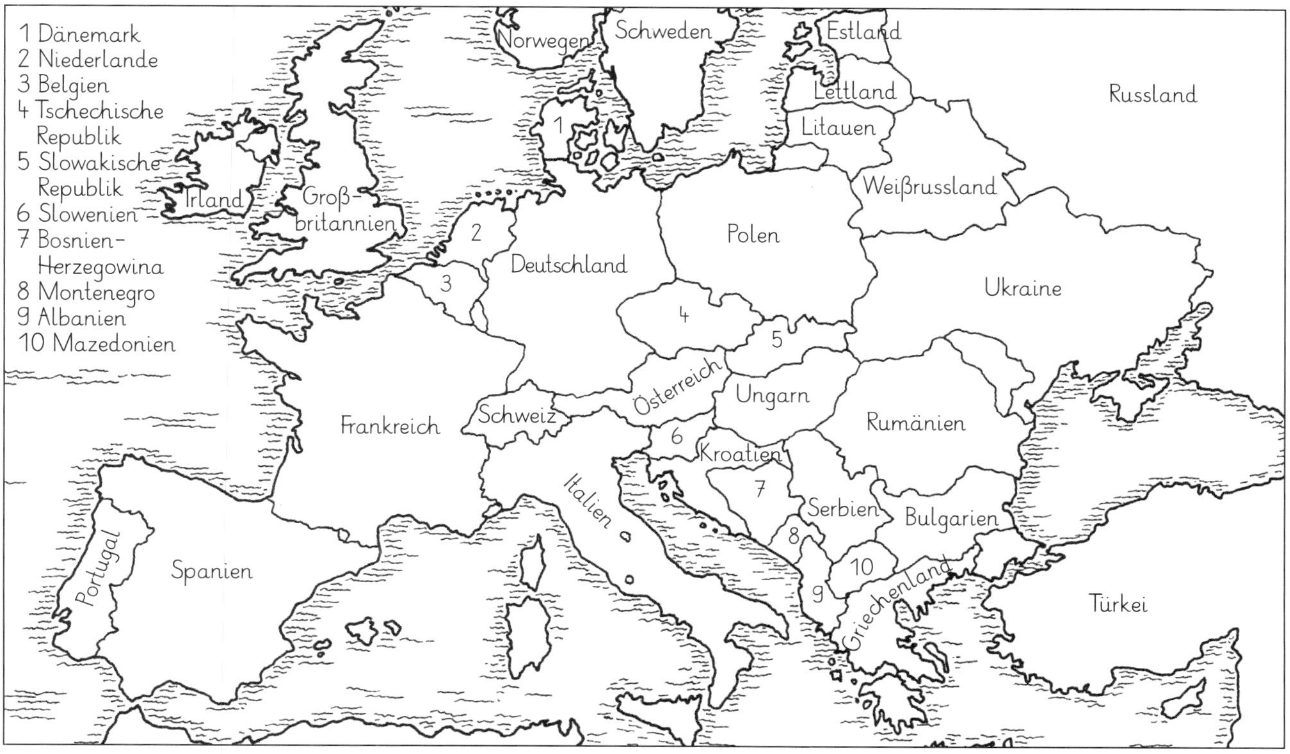

③ **Hier siehst du die Flaggen einiger europäischer Länder. Male die Flaggen in den richtigen Farben an. Verbinde sie mit den Ländernamen.**

Wenn du dir nicht sicher bist, sieh im Lexikon oder im Internet nach.

Deutschland Schweiz Spanien Großbritannien Frankreich Russland

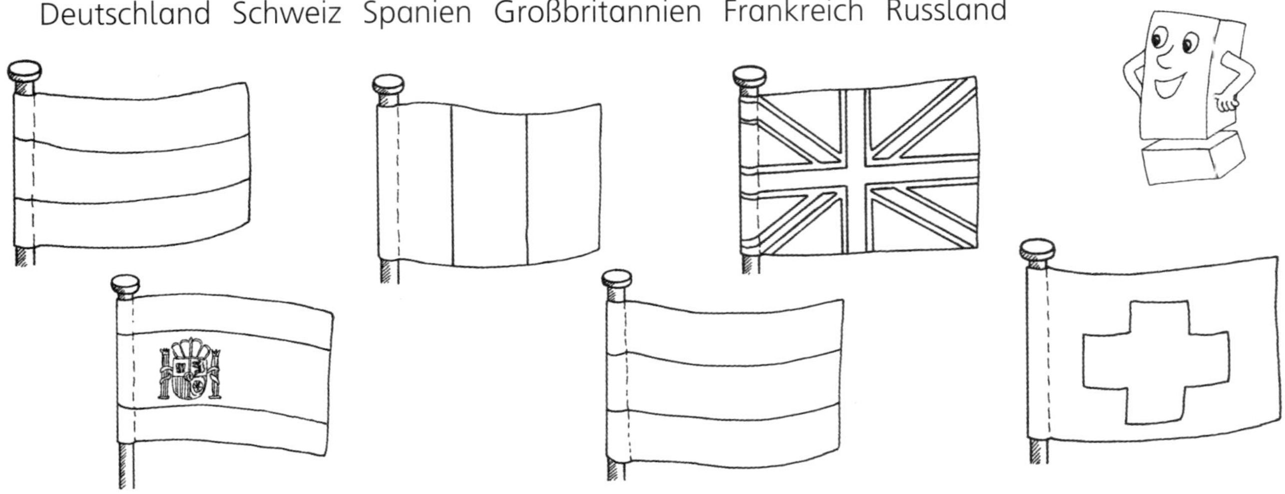

---

④ **Lies, wie sich manche Menschen in Europa „Guten Morgen" sagen. Schreibe in jede Sprechblase die Sprache.**

Guten Morgen ____________

Good morning ____________

Buenas dias ____________

Доброе утро ____________

Bonjour ____________

---

⑤ **Gestalte mit anderen Kindern ein Europa-Quartett. Bringe zuerst die folgenden Schritte in die richtige Reihenfolge.**

- [ ] Wählt dann ein Land von Europa aus.
- [1] Schneidet zuerst vier Quartett-Karten aus.
- [ ] Nutzt dazu den Text und die Flaggen.
- [ ] Danach beschriftet die vier Karten zu eurem Land.
- [ ] Zuletzt könnt ihr die Karten mit Bildern oder weiteren Informationen zum Land noch schöner machen.

> • In Büchern oder im Internet findet ihr die nötigen Angaben zu anderen Ländern.
> • Das Europa-Quartett spielt ihr wie jedes andere Quartett.

• einen Auftrag verstehen und ausführen • Informationsquellen nutzen • ein Gefühl für Fremdsprachen entwickeln
• eine Anleitung verstehen und umsetzen • ein Quartettspiel entwickeln

① **Lies den Text genau.**

Jedes Land ist anders

Der Kontinent, auf dem du wohnst, ist Europa. Zu Europa gehören 47 Länder.

Die Länder sind verschieden. In Spanien ist es oft sehr warm. In Russland ist es in einigen Gebieten sehr kalt. In der Schweiz gibt es viele hohe Berge. Großbritannien liegt auf einer Insel im Meer. Deutschland und Frankreich sind Nachbarländer.

Jedes Land in Europa hat eine eigene Fahne. Bei wichtigen Feiern tragen die Menschen die Fahnen ihrer Länder.

Jedes Land hat eine Hauptstadt. Die Hauptstadt von Deutschland ist Berlin. In der Schweiz wird die Hauptstadt Bern Bundesstadt genannt.

② **Unterstreiche im Text die Ländernamen. Finde diese Länder auf der Karte. Male sie an.**

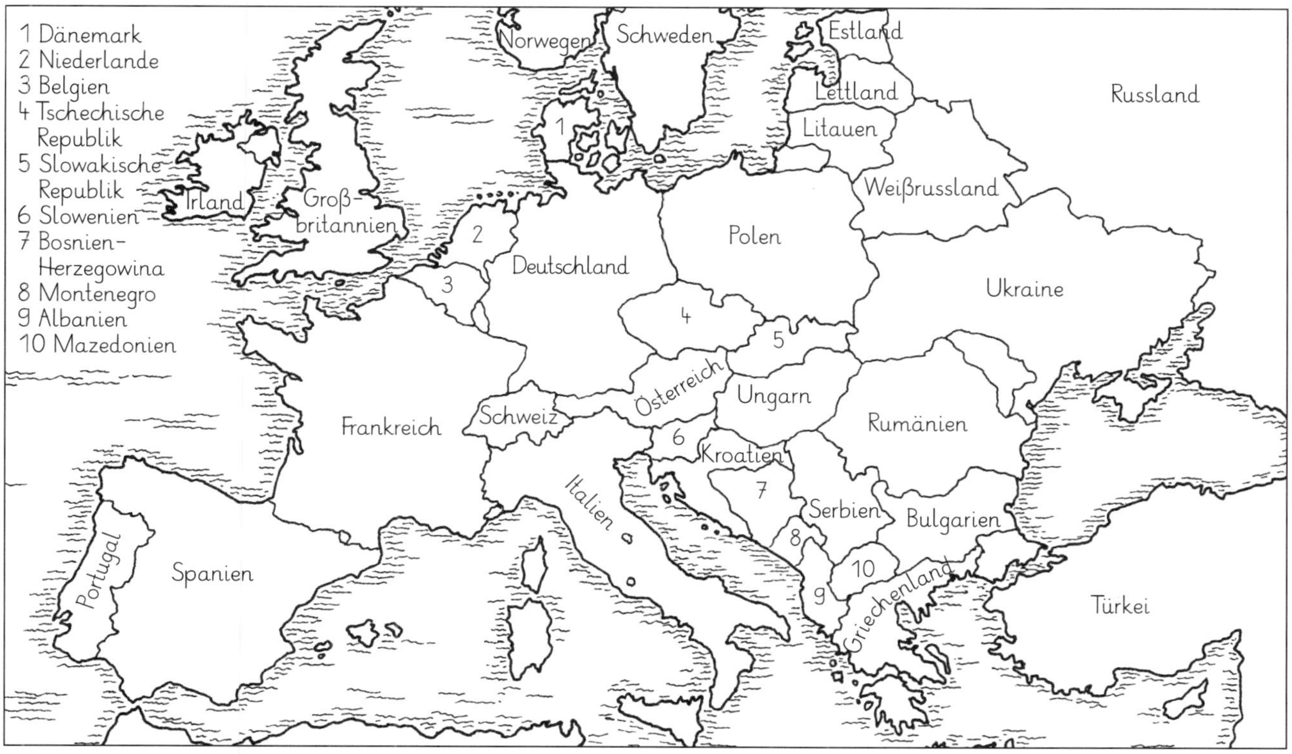

③ **Hier siehst du die Flaggen einiger europäischer Länder. Male die Flaggen in den richtigen Farben an.**

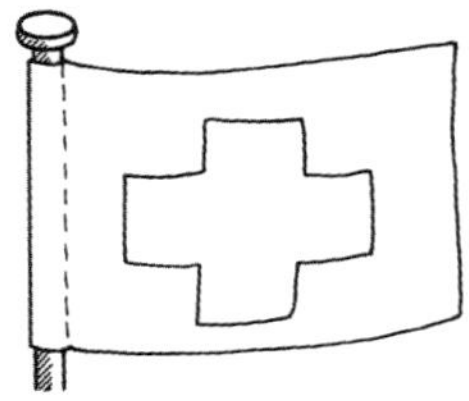

Schweiz

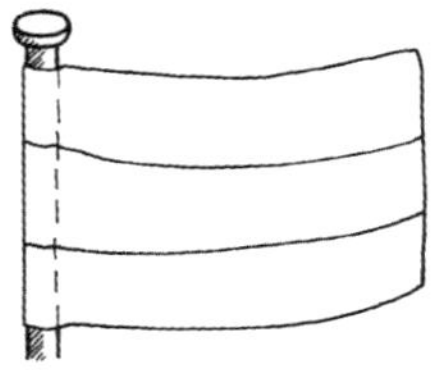

Deutschland

Großbritannien

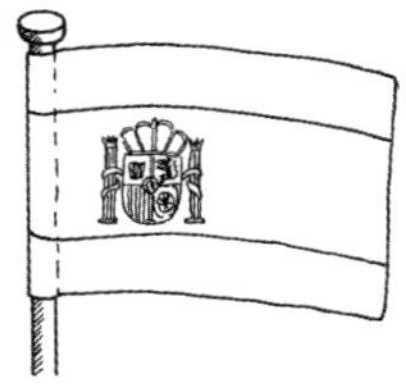

Spanien

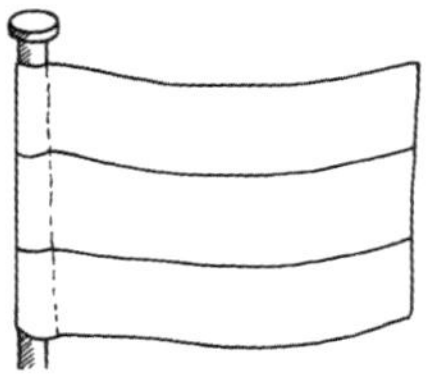

Russland

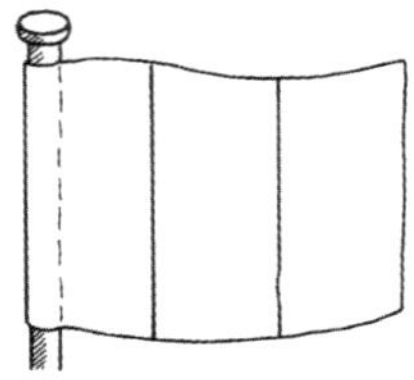

Frankreich

---

④ **Lies, wie sich manche Menschen in Europa „Guten Morgen" sagen. Schreibe in jede Sprechblase die Sprache.**

deutsch
französisch
englisch
russisch
spanisch

Good morning ____________________

Guten Morgen ____________________

Bonjour ____________________

Доброе утро ____________________

Buenas dias ____________________

---

⑤ **Gestalte ein Europa-Quartett.**

1. Schneide vier Quartett-Karten aus.
2. Wähle ein Land von Europa aus.
3. Beschrifte die vier Karten zu einem Land.
4. Der Text und die Fahnen helfen dir.

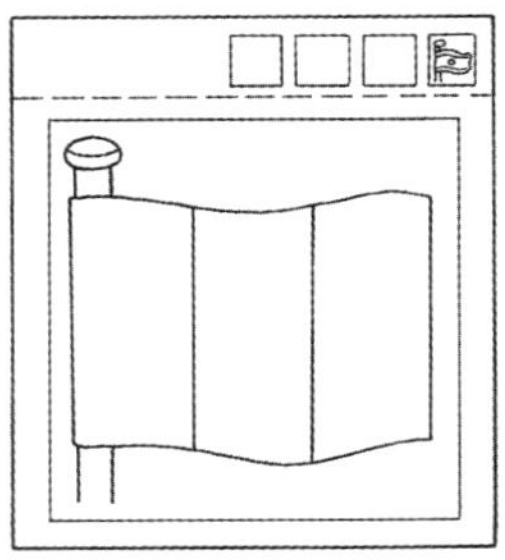

- einen Auftrag verstehen und ausführen • Informationsquellen nutzen • Informationen zuordnen
- eine Anleitung verstehen und umsetzen • ein Quartettspiel gestalten

① Lies den Text über Aamaal.

Aamaal ist acht Jahre alt. Sie lebt mit ihren Eltern und vier Geschwistern in Indien in der riesigen Stadt **Neu-Delhi**. Ihre Sprache ist **Hindi**.

Aamaals Eltern fanden auf dem Land keine Arbeit mehr. In Neu-Delhi wohnen sie in einer kleinen Hütte ohne Toilette und ohne Wasser. Auf dem Land war Aamaal mit sechs Jahren in die Schule gegangen. Das Mädchen lernte ein wenig lesen, schreiben und rechnen. Jetzt geht es nicht mehr zur Schule. Weil die Familie arm ist, muss Aamaal arbeiten. Sie näht Bälle. Sie verdient einige **Rupien**. Die Familie braucht das Geld, um Essen zu kaufen.

Am liebsten isst Aamaal **Dal**. Am frühen Abend spielt sie mit ihren Schwestern und Freundinnen gern das **Fünf-Steine-Spiel**. Sie gewinnt fast immer.

---

② Ergänze die Sätze mit Hilfe des Textes.

Der Name einer riesigen Stadt in Indien ist ____________________.

Die meisten Menschen in Indien sprechen ______________.

Das indische Geld hat den Namen _______________.

Ein Brei aus Linsen und Gewürzen, der nicht viel kostet,

wird __________ genannt.

Das __________________________ ist ein Spiel mit Kieselsteinen.

---

③ Streiche die falschen Wörter durch.

Aamaals Familie wohnt in Neu-Delhi in einer runden kleinen Hütte.

Aamaal geht immer nicht zur Schule.

Die Familie gibt ihr Geld für Essen Spielzeug aus.

- Informationen im Sachtext für den eigenen Wissensaufbau nutzen
- die Bedeutung unbekannter Wörter aus dem Kontext erschließen
- zutreffende und unzutreffende Aussagen unterscheiden

KV 10b So lebt Mamadou

④ **Lies den Text über Mamadou.**

Mamadou lebt mit seinen Eltern und den zwei Schwestern in **Guinea** in dem kleinen Dorf **Yaradou-Kao**. Er ist neun Jahre alt. Er spricht **Pulaar**. Seine Familie hat schon immer hier gelebt. Wenn am Morgen der Hahn kräht, steht Mamadou auf. Dann zünden er und seine Schwestern das Holz in der Feuerstelle an. Die Mädchen holen Wasser am Brunnen und Mamadou wärmt es über dem Feuer. Dann waschen sich alle damit.

Weil Mamadou ein Junge ist, darf er zur Schule gehen. Aber der Weg ist weit. Jeden Morgen geht er mehr als eine Stunde dorthin.

Mit seinen Freunden spielt Mamadou begeistert Ball. Manchmal vergessen die Jungen dabei, dass sie eigentlich Holz sammeln sollen. Das Ballspielen macht hungrig. Mamadou freut sich, wenn es zu **Fonio** und Gemüse manchmal Fleisch gibt.

Fonio-Hirse

---

⑤ **Ergänze die Sätze mit Hilfe des Textes.**

Mamadous Dorf liegt in ____________________ .

Mamadou wohnt in dem Dorf ____________________________.

Mamadou spricht die Sprache ____________________.

Mamadous Familie isst nicht nur Gemüse, sondern auch ____________________.

---

⑥ **Verbinde die richtigen Satzteile.**

Wenn am Morgen der Hahn kräht,	darf er zur Schule gehen.
Die Mädchen holen Wasser am Brunnen	steht Mamadou auf.
Weil Mamadou ein Junge ist,	und Mamadou wärmt es über dem Feuer.

• Informationen im Sachtext für den eigenen Wissensaufbau nutzen • die Bedeutung unbekannter Wörter aus dem Kontext erschließen • Textfragmente zur Verständnissicherung zuordnen

KV 10a So lebt Aamaal

① **Lies den Text über Aamaal.**

Aamaal ist acht Jahre alt. Sie lebt mit ihren Eltern und vier Geschwistern in Indien. Sie wohnen in der riesigen Stadt Neu-Delhi.

Die Familie hat in der Stadt eine Hütte. In der Hütte gibt es keine Toilette und kein Wasser.

Früher hat Aamaal auf dem Land gelebt. Dort lernte sie ein wenig lesen, schreiben und rechnen. Jetzt geht sie aber nicht mehr zur Schule.

Die Familie ist arm. Deshalb arbeitet Aamaal in einer Fabrik. Dort näht sie Bälle.

Am frühen Abend spielt Aamaal mit ihren Schwestern und Freundinnen gern das Fünf-Steine-Spiel. Sie gewinnt fast immer.

② **Verbinde die Bilder mit den passenden Textabschnitten.**

- mit Hilfe von Bildern Informationen im Sachtext verstehen
- Texten Bilder zuordnen

(3) **Lies den Text über Mamadou.**

Mamadou lebt mit seinen Eltern in dem afrikanischen Land Guinea. Sie wohnen in dem kleinen Dorf Yaradou-Kao.

Mamadou ist neun Jahre alt. Er hat zwei Schwestern.

Wenn am Morgen der Hahn kräht, steht Mamadou auf. Dann zündet er das Holz in der Feuerstelle an. Seine Schwestern holen Wasser am Brunnen.

Mamadou wärmt das Wasser über dem Feuer. Dann waschen sich alle damit.

Weil Mamadou ein Junge ist, darf er zur Schule gehen. Aber der Weg ist weit. Jeden Morgen geht er über eine Stunde dorthin.

Mit seinen Freunden spielt Mamadou Ball. Manchmal vergessen die Jungen dabei, dass sie eigentlich Holz sammeln sollen.

(4) **Verbinde die Bilder mit den passenden Absätzen.**

KV 11 Wer lebt wie?

① **Beantworte die Fragen in den Mini-Interviews mit Hilfe der Texte.**

Aamaal aus Indien

Junge oder Mädchen? ______________________

Stadt oder Dorf? ______________________

Schule oder Arbeit? ______________________

Reis oder Linsen? ______________________

Puppen oder Steine? ______________________

zufrieden oder traurig? ______________________

Mamadou aus Guinea

Junge oder Mädchen? ______________________

Ball oder Puppen? ______________________

Pulaar oder Französisch? ______________________

Brunnen oder Feuer? ______________________

Schule nahe oder weit weg? ______________________

zufrieden oder traurig? ______________________

---

② **Bereite ein eigenes Mini-Interview vor.**

Ihr könnt mit ähnlichen Fragen Mini-Interviews mit den Kindern eurer Klasse durchführen.

1. Überlege dir Fragen, die alle interessieren.
2. Schreibe die Fragen so kurz wie in den Beispielen auf.
3. Führe das Interview durch und schreibe die Antworten mit.
4. Die Mini-Interviews könnt ihr in der Klasse aufhängen.
   Vielleicht klebt ihr noch ein Bild des Kindes dazu.

- Informationen aus Sachtexten für die weitere Arbeit nutzen
- Antworten zu Fragen im Text finden
- zu eigener Einschätzung kommen
- Merkpunkte für eigene Interviews nutzen

KV 11 Wer lebt wie?

(1) **Beantworte die Fragen zu den Kindern mit Hilfe der Texte.**

Aamaal aus Indien

Junge oder Mädchen? M ____________

Stadt oder Dorf? ____________

Schule oder Arbeit? ____________

nähen oder malen? ____________

Puppen oder Steine? ____________

Mamadou aus Guinea

Junge oder Mädchen? J ____________

Ball oder Puppen? ____________

Pulaar oder Französisch? ____________

Brunnen oder Feuer? ____________

Schule nahe oder weit weg? ____________

---

(2) **Führe ein eigenes Mini-Interview durch.**
Frage ein anderes Kind. Schreibe die Antworten auf.

Name: ____________

Junge oder Mädchen? ____________

Geschwister oder Einzelkind? ____________

Hund oder Katze? ____________

Lesen oder Sport? ____________

Pizza oder Nudeln? ____________

- Informationen aus Sachtexten für die weitere Arbeit nutzen • Antworten zu Fragen im Text finden
- eigene Mini-Interviews notieren (Steckbrief ausfüllen)

KV 12a Das Länderspiel

① Sieh dir die Tabelle genau an.

	Spalte 1 ↓	Spalte 2 ↓	Spalte 3 ↓	Spalte 4 ↓	Spalte 5 ↓
Zeile 1 →	**Land**	**Haupt-stadt**	**wildes Tier**	**Essen oder Getränke**	**bekannte Landschaft**
Zeile 2 →	**Schweiz**	Bern	der Steinbock	Käse	die Schweizer Alpen
Zeile 3 →	**Deutschland**	Berlin	der Fuchs	Brot	der Schwarzwald
Zeile 4 →	**Brasilien**	Brasilia	der Jaguar	Kaffee	das Amazonasgebiet
Zeile 5 →	**Kanada**	Ottawa	der Grizzlybär	Ahornsirup	die Rocky Mountains
Zeile 6 →	**China**	Peking	der Pandabär	Pekingente	die Wüste Gobi
Zeile 7 →	**Südafrika**	Pretoria	der Elefant	Biltong-Trocken-fleisch	der Krüger-Nationalpark
Zeile 8 →	**Australien**	Canberra	das Känguru	Macadamia-Nuss	das Great Barrier Reef

② In Tabellen gibt es Spalten und Zeilen. Beantworte die Fragen.

Wo stehen die Namen der Länder? Spalte ______

Wo steht, welches Essen es in dem Land gibt? ______

Welche Hauptstadt steht in der vierten Zeile von oben? ______

③ Male an:

- das Kästchen mit der Hauptstadt von China.
- das Kästchen mit einer bekannten Landschaft in Kanada.
- das Kästchen mit einem Essen in Australien.
- das Kästchen mit dem wilden Tier in Südafrika.

- Systematik einer Tabelle kennenlernen
- sich in einer Tabelle orientieren

④ **Gestaltet mit anderen Kindern zusammen ein Länderspiel.
Stellt zuerst zu jedem Land mehrere Rätselkarten her.
Nummeriert dazu die Anleitung in der richtigen Reihenfolge.**

☐ Malt **zuletzt** die Flaggen auf dem Spielplan in den richtigen Farben aus.

☐ Schreibt auf die Rückseite jeder Flaggen-Karte eine Frage zu dem Land. Schreibt die Antwort dazu.

[1] Schneidet **zuerst** die Ratekarten aus.

☐ Malt die Flagge jedes Landes auf mehrere Karten.

☐ Findet **dann** im Lexikon oder im Internet die Flaggen der Länder.

*Natürlich könnt ihr auch eigene Fragen finden.
Aber die Antwort muss stimmen!*

⑤ **Nun könnt ihr das Länderspiel spielen.
Lest die beiden Spielanleitungen. Welche passt?**

Das braucht ihr:
- Spielfeld
- Spielfiguren
- einen Würfel
- Fragekarten

☐
- Mischt die Karten gut durch.
- Jeder Mitspieler bekommt sieben Karten ausgeteilt.
- Die übrigen Karten werden als Stapel verdeckt in die Mitte gelegt. Eine Karte wird als Startkarte aufgedeckt.
- Reihum legt nun jeder eine Karte auf den Stapel in der Mitte. Sie muss entweder die gleiche Zahl oder Farbe haben, wie die oberste Karte.
- Gewonnen hat, wer als Erster alle Karten abgelegt hat.

☐
- Sortiert die Karten nach Ländern und bildet Stapel.
- Die Fragen müssen verdeckt sein.
- Nun wird reihum gewürfelt und gesetzt.
- Wer auf ein Feld mit einer Flagge kommt, bekommt eine Frage zu dem Land vorgelesen.
- Ist die Antwort richtig, darf er nochmal würfeln.
- Ist die Antwort falsch, muss er einmal aussetzen.
- Wer zuerst am Ziel ist, hat gewonnen.

- eine Anleitung verstehen und umsetzen • Textfragmente zur Orientierung sortieren • Informationen recherchieren
- Texte im Hinblick auf ihre Stimmigkeit überprüfen

KV 12a Das Länderspiel

① **Lies die Sätze über die Länder.**

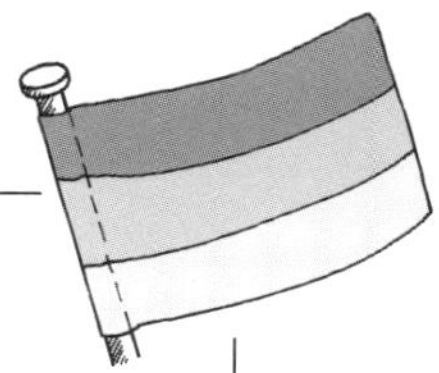

Deutschland

Die Hauptstadt ist Berlin.
Ein beliebtes Essen ist Brot.
Der Schwarzwald ist
eine bekannte Landschaft.
Ein wildes Tier ist der Wolf.

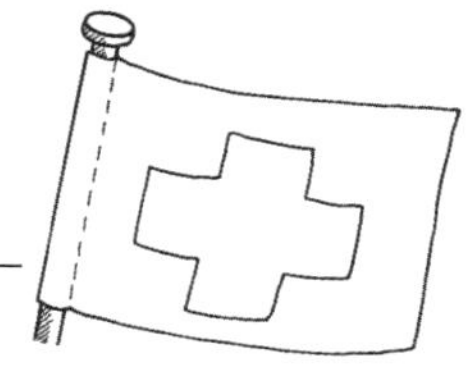

Schweiz

Die Hauptstadt ist Bern.
Ein beliebtes Essen ist Käse.
Die Schweizer Alpen sind
eine bekannte Landschaft.
Ein wildes Tier ist der Steinbock.

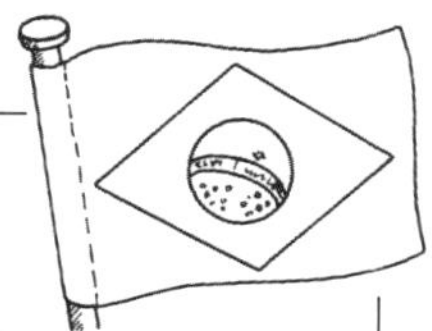

Brasilien

Die Hauptstadt ist Brasilia.
Ein beliebtes Getränk ist Kaffee.
Das Amazonasgebiet ist
eine bekannte Landschaft.
Ein wildes Tier ist der Jaguar.

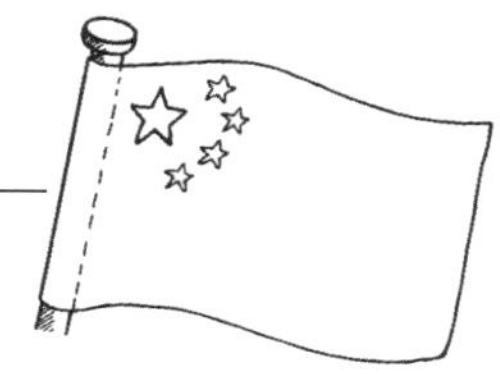

China

Die Hauptstadt ist Peking.
Ein beliebtes Essen ist Pekingente.
Die Wüste Gobi ist
eine bekannte Landschaft.
Ein wildes Tier ist der Pandabär.

---

② **Ergänze die fehlenden Wörter.**

In Deutschland isst man viel ______________.

Der ______________________ ist ein wildes Tier in der Schweiz.

Ein beliebtes Getränk in Brasilien ist ______________________.

Der ______________________ ist eine bekannte Landschaft in China.

- Informationen aus Sachtexten entnehmen
- Lückentext ergänzen

③ **Gestalte ein Länderspiel.
Stelle zuerst zu jedem Land mehrere Rätselkarten her.**

1. Schneide die Ratekarten aus.
2. Male die Fahne jedes Landes auf mehrere Karten.
3. Schreibe auf die Rückseite jeder Karte eine Frage zu dem Land.
   Schreibe die Antwort dazu.
4. Male zuletzt die Fahnen auf dem Spielplan in den richtigen Farben aus.

---

④ **Beantworte die Fragen.**

Was soll ich auf die Rückseite einer Karte schreiben? ______________________

____

Was muss ich zuletzt tun? ______________________

---

⑤ **Nun kannst du mit anderen Kindern das Spiel spielen.
Lies die Spielanleitung.**

1. Sortiert die Karten nach Ländern. Bildet Stapel.
   Die Fragen müssen verdeckt sein.
2. Würfelt reihum. Setzt die Spielfiguren.
3. Wer auf ein Feld mit einer Flagge kommt,
   bekommt eine Frage zu dem Land vorgelesen.
4. Ist die Antwort richtig, darf er nochmal würfeln.
   Ist die Antwort falsch, muss er einmal aussetzen.

Das braucht ihr:
- Spielfeld
- Spielfiguren
- einen Würfel
- Fragekarten

---

⑥ **Streiche den falschen Satz durch.**

Die Fragen müssen zu sehen sein. Die Fragen müssen verdeckt sein.

- eine Gestaltungsanleitung verstehen und umsetzen • Informationen recherchieren
- eine Spielanleitung verstehen und umsetzen

① **Lies den Text. Male deine Vorstellungen in die Kästchen.**

Schiff ahoi!

Es gibt unterschiedliche Möglichkeiten, ein Boot zu bauen. Zuerst musst du dir überlegen, was für ein Boot du bauen möchtest.

Soll es ein Segelboot,

ein Ruderboot,

ein Hausboot

oder ein Rettungsboot werden?

Den Rumpf deines Bootes kannst du aus vielen verschiedenen Materialien anfertigen. Du kannst Holz oder Stöckchen, leere Plastikflaschen oder Milchkartons, Styropor, Plastik und sogar Knete nehmen.
Überprüfe immer in einer Wasserschüssel, ob dein Boot auch tatsächlich schwimmt! Das hängt von dem Gewicht des Bootes und von der Form des Rumpfes ab.
Wenn ein Boot überladen ist, sinkt es. Deshalb dürfen die Teile, die du auf das Boot baust, nicht zu schwer sein.

Sicher kannst du aus Knete einen Schiffskörper formen.

Aber hast du auch eine Idee, wie man die Ruder an einem Ruderboot befestigt?

Wenn dein Boot ein Segel bekommen soll, musst du einen Mast setzen und diesen gut fest machen. Vielleicht gibt es eine Kajüte oder ein Steuerruder?

Kein Boot fährt ohne Besatzung. Du kannst Spielzeugfiguren nehmen. Oder du formst den Kapitän und die Matrosen aus Knete, Draht, Pappe oder Wolle. Schiff ahoi!

- Informationen in einem Text verstehen und als Gestaltungsanregung nutzen

KV 13b Boote bauen

(2) **Unterstreiche die folgenden Wörter im Text. Schreibe ihre Bedeutung auf.**

Rumpf ____________________

überladen ____________________

Mast ____________________

---

(3) **Beantworte die Fragen.**

Was ist eine Kajüte? ____________________

Was ist Styropor? ____________________

Wer ist die Besatzung eines Schiffes? ____________________

____

---

(4) **Plane nun dein eigenes Boot. Lies die Satzanfänge und ergänze.**

Mein Boot wird ein ____________________.

Den Schiffsrumpf baue ich aus: ____________________.

Ich brauche auch noch ____________________

____________________.

Diese Werkzeuge brauche ich: ____________________

____________________.

Die Besatzung ist ____________________.

---

(5) **Baue dein Boot.**

① **Lies den Text.**

Schiff ahoi!

Überlege, was für ein Boot du bauen möchtest.

Soll es ein Segelboot,

ein Ruderboot,

ein Hausboot

oder ein Rettungsboot werden?

Ein Boot kannst du aus vielen Sachen bauen. Du kannst Holz oder Stöckchen, leere Plastikflaschen, Plastik und sogar Knete nehmen.

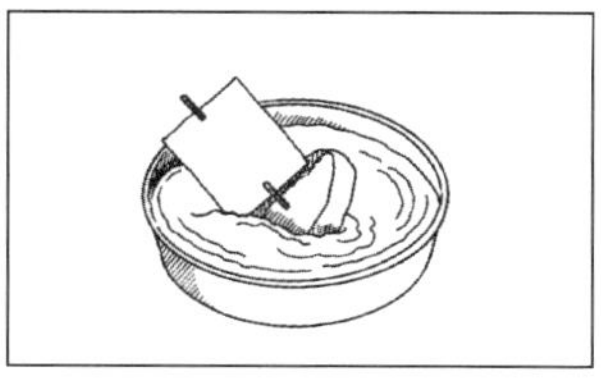

Wenn ein Boot zu schwer ist, sinkt es. Überlege deshalb gut, welche Teile du auf das Boot baust.

Wenn dein Boot ein Segel bekommen soll, musst du einen Mast setzen.

Auf deinem Boot können Spielzeugfiguren mitfahren. Oder du formst den Kapitän und die Matrosen aus Knete, Draht, Pappe oder Wolle. Schiff ahoi!

---

② **Kreuze an.**
Welche Sachen zum Bauen werden im Text genannt?

☐ 

☐ 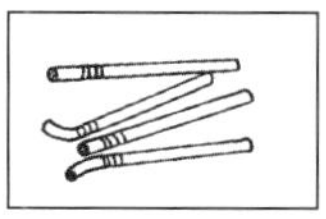

☐ 

☐ 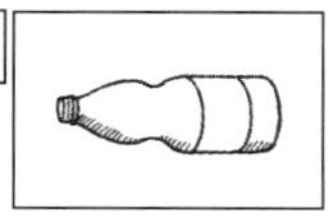

☐ 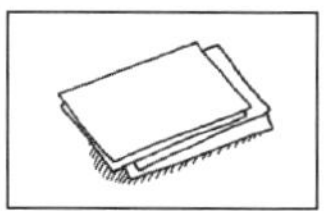

Wer kann auf deinem Boot mitfahren?

☐ du und deine Freunde ☐ Spielzeugfiguren

- Informationen in einem bildunterstützten Text verstehen und als Gestaltungsanregung nutzen
- Fragen zum Text beantworten

KV 13b Boote bauen

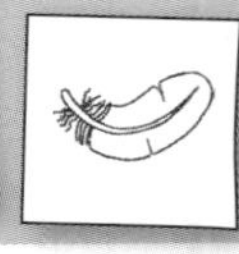

③ **Was bedeuten die Wörter? Verbinde.**

Ruderboot	ein Boot, auf dem man wohnen kann
Hausboot	ein Boot, das man mit Rudern fortbewegt
Segel	ein Pfahl, an dem Segel befestigt werden
Mast	ein Tuch zum Antrieb von Segelschiffen

④ **Plane nun dein eigenes Boot.**
Lies die Satzanfänge und ergänze.

Mein Boot wird ein ______________________.

Ich baue ein Boot aus ______________________.

Ich brauche auch noch ______________________________________

____.

Diese Werkzeuge brauche ich: ___________________________________

____.

Auf meinem Boot fahren mit: ___________________________________.

⑤ **Baue dein Boot.**

- Bedeutung von Wörtern aus dem Kontext zuordnen
- ein eigenes Boot planen und bauen

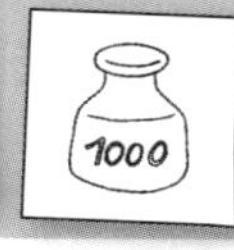

① **Schau dir die Bauanleitung genau an.**
Kannst du dir vorstellen, was hier gebaut wird?

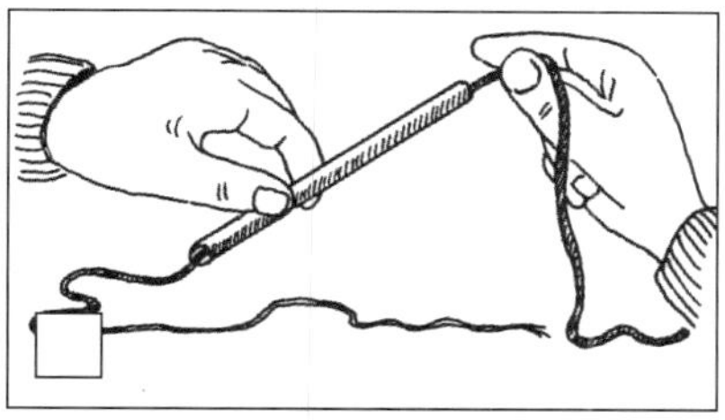

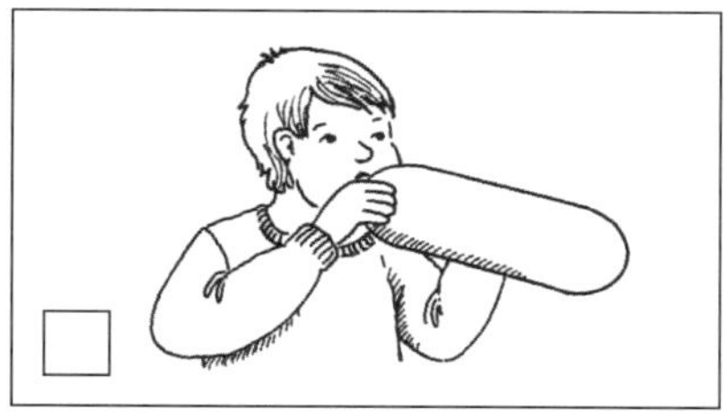

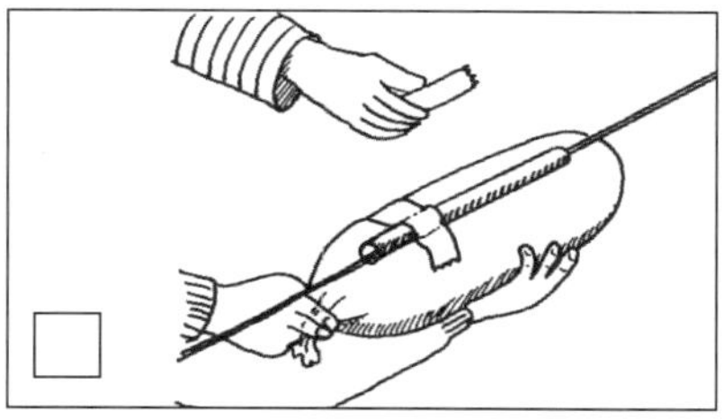

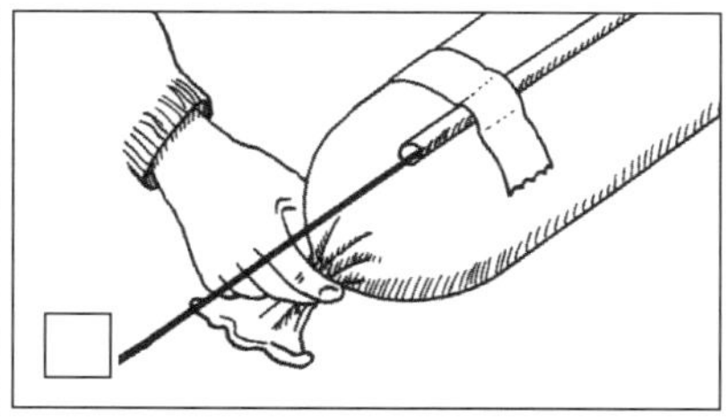

② **Kreuze die Arbeitsschritte an, die du dir nicht genau vorstellen kannst.**

③ **Lies die Sätze auf dem Ausschneidebogen.**
Schneide sie aus und klebe sie unter die passenden Bilder.
Was glaubst du, wird passieren?

④ **Baue das Spielmodell auf.**

Das brauchst du:
- einen festen Bindfaden
- einen Luftballon
- einen Strohhalm
- Klebestreifen

- Abbildungen zum Aufbau von Texterwartung nutzen • Unklarheiten markieren
- Bild-Textzuordnungen vornehmen • Vermutungen formulieren • einen Versuch durchführen

(5) **Lies den Text.**

Wie funktioniert ein Düsenantrieb?

Der Versuch mit dem rasenden Ballon hilft dir, zu verstehen, wie ein Düsenantrieb funktioniert. Flugzeuge haben einen Düsenantrieb. Man nennt ihn auch Strahlantrieb. In den Triebwerken wird vorn Luft angesaugt. In einer Brennkammer wird die Luft durch Verbrennung von Treibstoff aufgeheizt. So entsteht Gas, das einen hohen Druck hat. Das ist wie bei einer Explosion. Dieses Gas wird mit Geschwindigkeit hinten hinausgepresst. Dadurch rast das Flugzeug nach vorn. Beim rasenden Ballon zieht sich die Gummihaut wieder zusammen. So rast er ganz ohne Treibstoff und Verbrennung vorwärts.

(6) **Verbinde die Satzteile.**

Der Düsenantrieb von Flugzeugen	Luft angesaugt.
In den Triebwerken wird	wird die Luft aufgeheizt.
Das Flugzeug rast	wird auch Strahlantrieb genannt.
In einer Brennkammer	nach vorn.

(7) **Findest du Düsenflugzeuge gut? Begründe deine Meinung.**

____

____

- Informationen im bildunterstützten Sachtext verstehen und für den eigenen Wissensaufbau nutzen
- Satzfragmente zur Verständnissicherung verbinden • eine eigene Meinung bilden

KV 14a Die rasende Rakete

(1) **Lies die Anleitung.**
Verbinde jeden Schritt mit dem passenden Bild.

1. Ziehe den Strohhalm auf eine lange Schnur.
2. Spanne die Schnur quer durch den Raum. Sie muss straff sein und bergauf führen.
3. Blase den Ballon auf und halte ihn gut zu.
4. Ein anderes Kind zieht den Strohhalm zum unteren Ende der Schnur.
5. Es klebt den Ballon an dem Strohhalm fest. Du hältst die Öffnung weiter zu. Achtung! Die Öffnung muss nach unten zeigen.
6. Auf die Plätze! Fertig! Loslassen!

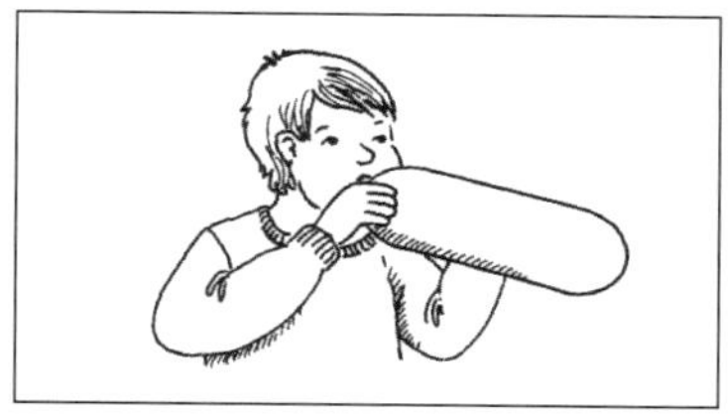

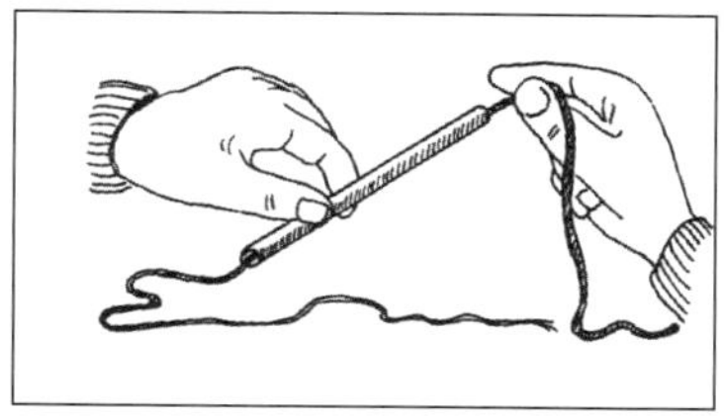

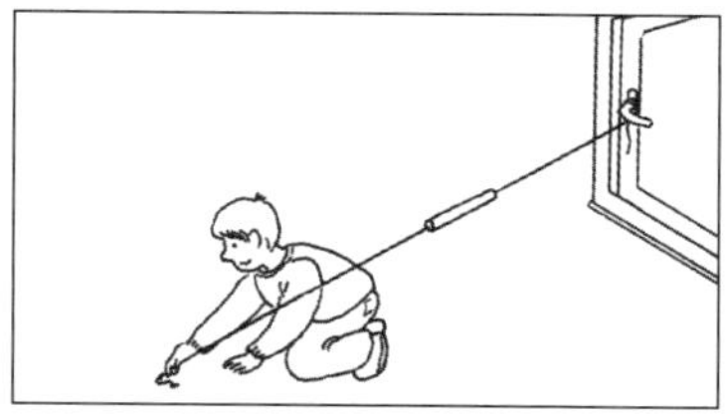

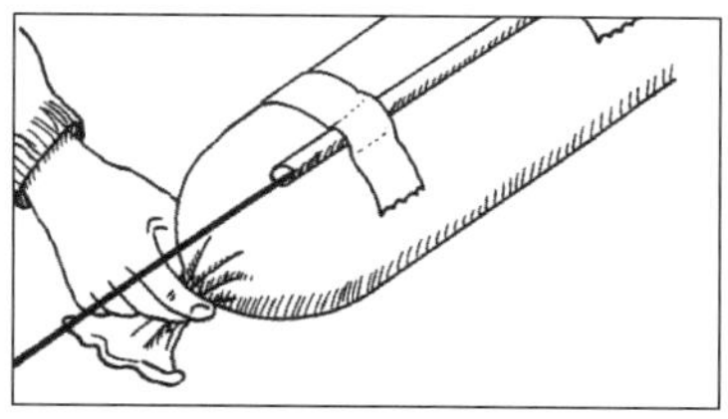

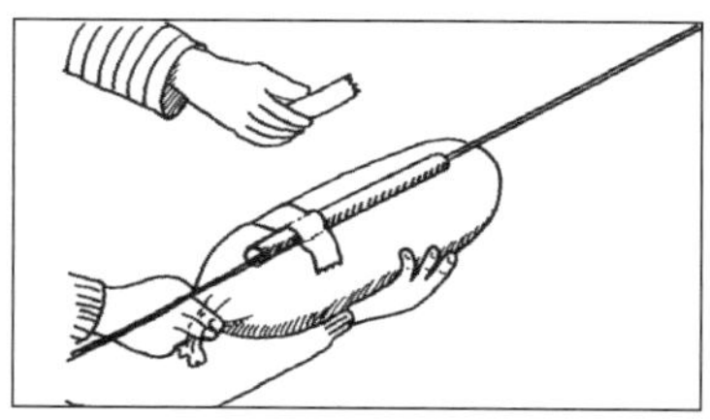

(2) **Was passiert, wenn du loslässt? Schreibe auf.**

____

(3) **Baue das Spielmodell auf.**

Das brauchst du:
- einen festen Bindfaden
- einen Luftballon
- Klebestreifen
- einen Strohhalm

- eine bildgestützte Anleitung verstehen und umsetzen
- Texte und Bilder zur Verständnissicherung verbinden
- eine Vermutung äußern • ein Spielmodell aufbauen

KV 14b Die rasende Rakete

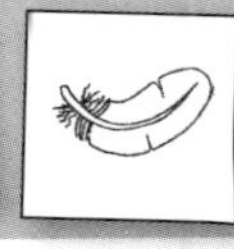

(4) **Lies den Text.**

Wie funktioniert die rasende Rakete?

Du bläst Luft in einen Ballon. Die Luft drückt die Gummihaut auseinander. Der Ballon wird prall.

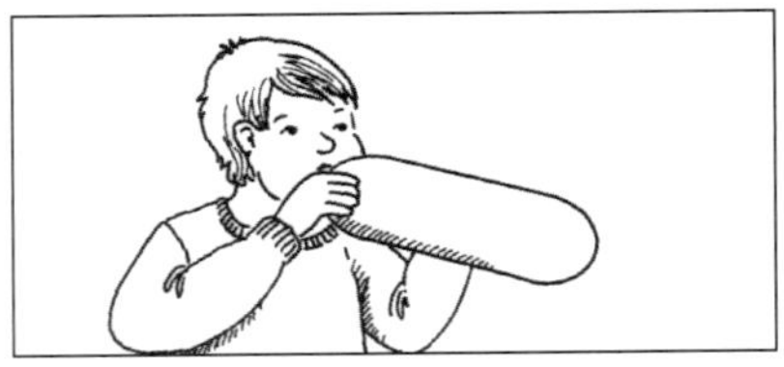

Du hältst den Ballon zu. Die Luft ist im Ballon gefangen. Die Gummihaut steht unter Druck.

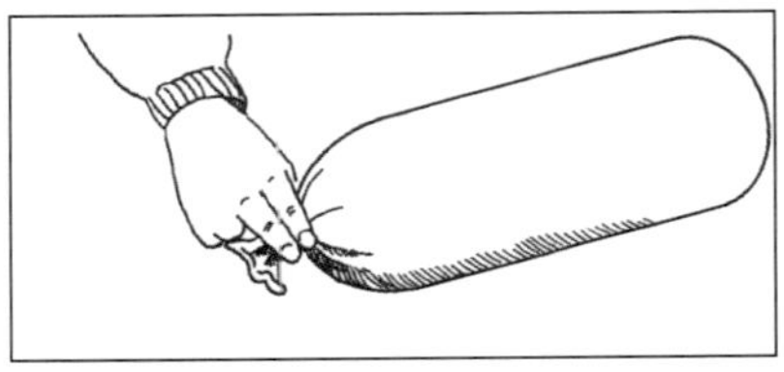

Dann lässt du die Öffnung los. Die Gummihaut zieht sich zusammen. Dabei drückt sie die Luft ganz schnell aus dem Ballon.

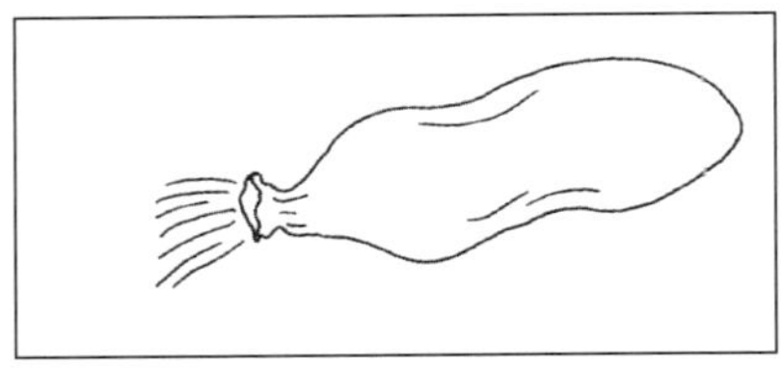

Durch den Luftstrom rast der Ballon in die andere Richtung.

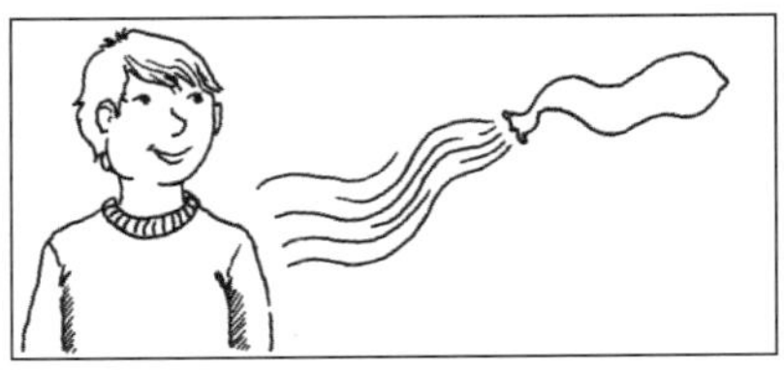

(6) **Beantworte die Fragen.**

Was passiert, wenn du Luft in den Ballon bläst? ______________________

____

Warum musst du den Ballon zuhalten? ______________________

____

Was passiert, wenn du den Ballon nicht mehr zuhältst? ______________________

____

Was macht der Ballon dann? ______________________

____

- Informationen im bildunterstützten Sachtext verstehen
- Fragen zum Text beantworten

KV 15a Das fliegende Ufo

(1) **Schau dir das Bild genau an.
Überlege, wie dein Ufo aussehen könnte.**

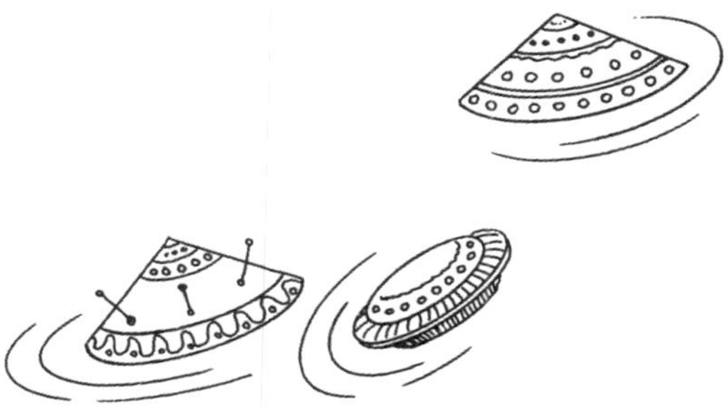

Das brauchst du:
- zwei Stücke dünne Pappe ①
- einen Bleistift ②
- einen Becher als Schablone ③
- eine Schere ④
- Kleber ⑤
- einen Tacker (Bostitch) ⑥
- Buntstifte oder Malkasten ⑦
- ein Gummi ⑧

(2) **Lies die Bastelanleitung.**

1. Male mit Hilfe des Bechers zwei Kreise auf die Pappe.
2. Schneide die Kreise aus. Jetzt hast du zwei Scheiben.
3. Schneide von einer Scheibe einen Ring ab, der ungefähr zwei Finger breit ist.
4. Bemale den Ring und die andere Scheibe.
5. Klebe den Ring auf die bemalte Scheibe.
6. Schneide vom Rand aus bis zum Mittelpunkt der Scheibe.
7. Schiebe die beiden Kanten übereinander, sodass ein flacher Hut entsteht.
8. Hefte die übereinanderliegenden Kanten am Rand zusammen.
9. Schneide eine kleine Kerbe in den Rand.
10. Mit dem Gummi kannst du das Ufo fliegen lassen.

(3) **Welche Dinge brauchst du bei den einzelnen Bastelschritten?
Schreibe die Nummern dahinter.**

(4) **Welche Bastelschritte siehst du hier? Nummeriere wie die Sätze im Text.**

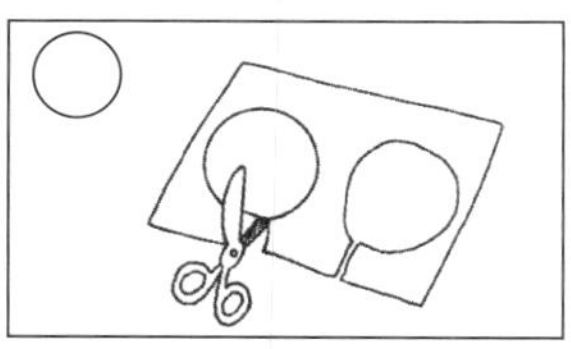
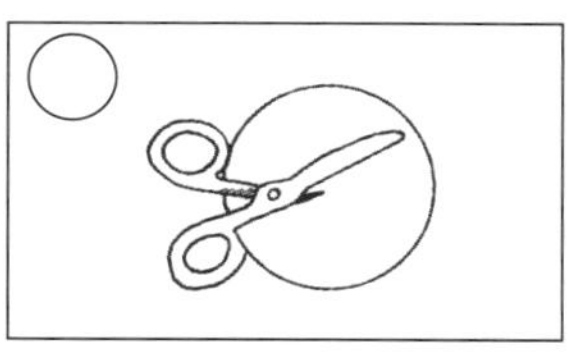
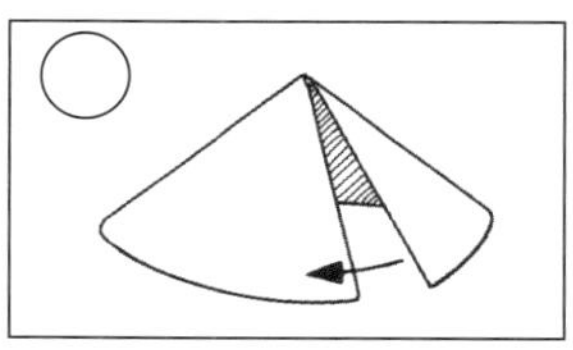
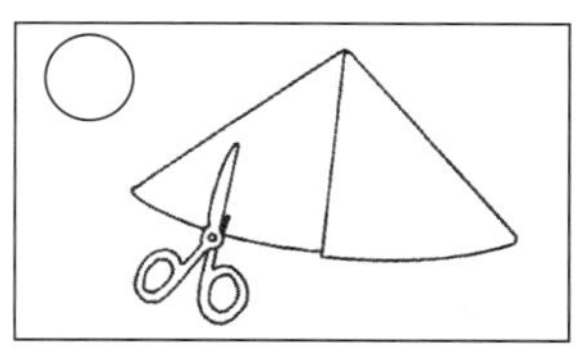

- eine Bastelanleitung verstehen und umsetzen
- Arbeitsschritte und Material einander zuordnen
- gezielt Stellen im Text finden

(5) **Lies den Text.**

Der Wettbewerb der Ufos

Bastelt mehrere Ufos und probiert aus, wie sie fliegen. Die Ufos können riesiger oder kleiner, schwerer oder leichter, flacher oder spitzer sein.

Entscheidet, welche Scheiben ihr auf dem Schulhof gegeneinander antreten lasst.

Lest den Bewertungsbogen. Gebt den Ufos Namen und füllt die Bewertungsbögen aus. Wer die meisten Stimmen hat, hat gewonnen.

---

(6) **Streiche die falschen Sätze durch.**

Die Ufos können unterschiedlich sein.
Alle Ufos müssen gleich sein.

Es gelten nur die Bewertungspunkte auf dem Bogen.
Ihr dürft noch eigene Bewertungspunkte finden.

Welches Ufo

- fliegt am schönsten? ______________________
- fliegt am weitesten? ______________________
- fliegt am höchsten? ______________________
- sieht im Flug am schönsten aus? ______________________
- sieht am Boden am schönsten aus? ______________________

- einen Aktionsvorschlag verstehen und umsetzen
- zutreffende und unzutreffende Aussagen unterscheiden
- eine Auswertung vorbereiten und durchführen

KV 15a Das fliegende Ufo

ANHANG ⑩

① **Schau dir das Bild genau an.**

Das brauchst du:
- eine dünne Pappe
- einen Bleistift
- einen Becher als Schablone
- eine Schere
- Buntstifte oder Malkasten
- ein Gummi

② **Lies die Bastelanleitung.**

1. Male einen Kreis auf die Pappe.
2. Schneide den Kreis aus.
3. Schneide eine kleine Kerbe in den Rand.
4. Bemale dein Ufo.
5. Mit dem Gummi kannst du das Ufo fliegen lassen.

③ **Klebe die passenden Bilder in die Kästchen.**

- eine illustrierte Bastelanleitung verstehen und umsetzen
- Sätzen Bilder zuordnen

KV 15b Das fliegende Ufo

④ **Bastelt viele Ufos.**
Malt die Ufos an.

⑤ **Gebt euren Ufos Namen.**
Schreibt die Namen auf die Ufos.

⑥ **Macht einen Wettbewerb.**
Lasst die Ufos fliegen.

⑦ **Füllt den Bewertungsbogen aus. Schreibt noch weitere Sätze dazu.**

Das Ufo	Flitzerakete	fliegt weit.	☐ ja	☐ nein
Das Ufo	________	fliegt schön.	☐ ja	☐ nein
Das Ufo	________	fliegt hoch.	☐ ja	☐ nein
Das Ufo	________	sieht schön aus.	☐ ja	☐ nein
Das Ufo	________	fliegt am weitesten.	☐ ja	☐ nein
Das Ufo	________	sieht im Flug am schönsten aus.	☐ ja	☐ nein

____

____

____

____

____

- einen Aktionsvorschlag verstehen und umsetzen
- eine Auswertung vorbereiten und durchführen

KV 16a Der verzauberte Luftballon

(1) Lies den Text über die Vorbereitung zum Zaubern.

- (1) Bereite alle Dinge zum Zaubern sehr sorgfältig vor.
- ( ) Übe die Vorführung mit einem Partnerkind. Das Kind sagt dir, was du verbessern kannst.
- ( ) Besorge dir einen Zauberhut und einen Zauberstab. Du kannst auch basteln.
- ( ) Verkleide dich als Zauberer oder Zauberin.
- ( ) Denke dir einen passenden Zauberspruch aus.

(2) Nummeriere die Sätze in einer sinnvollen Reihenfolge.

(3) Ergänze in dem Text über die Vorführung die passenden Wörter.

Trick	Zeit	Witzen	laut	aufpasst	Publikum	Zuschauer	Zaubervorführung

Zeige den ______________ erst, wenn du sicher bist.

Zaubere weit weg vom ______________________ .

Lasse dir beim Zaubern __________ .

Schau beim Zaubern die ______________________ an.

Sprich langsam, __________ und übertrieben.

Beginne mit dem Zaubern erst, wenn das Publikum ____________________ .

Lenke deine Zuschauer mit lustigen Sprüchen oder ____________________ ab.

Verbeuge dich vor und nach der ________________________________ .

- einen Anleitungstext ordnen, ergänzen und verstehen

Das brauchst du:
- zwei Luftballons
- Klebestreifen
- eine Stecknadel

④ Lies die Schritte zur Vorbereitung.

1. Blase beide Luftballons auf.
2. Knote sie zu.
3. Klebe auf einen Luftballon ein Kreuz aus mehreren Klebestreifen.
4. Lege die Stecknadel bereit.

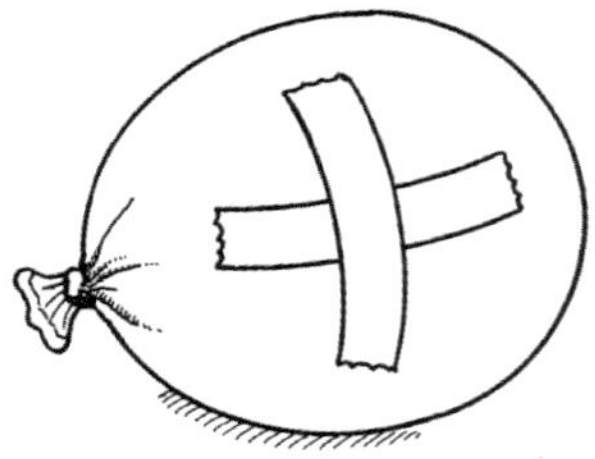

⑤ Lies die Schritte zur Vorführung.

1. Sage deinem Publikum Guten Tag.
2. Frage, worum es in deinem Zaubertrick geht.
3. Lasse den normalen Ballon mit Hilfe der Stecknadel platzen.
4. Frage, was bei einem verzauberten Ballon passiert.
5. Verzaubere den vorbereiteten Ballon. Achtung!
   Zeige dem Publikum die Seite ohne Klebestreifen!
6. Stich beim Zauberspruch die Nadel genau in das Klebestreifenkreuz.
7. Verabschiede dich von deinem Publikum.

⑥ Ordne die Sätze den Schritten in Aufgabe 5 zu.

☐ Liebes Publikum, herzlich willkommen!

☐ Aber was passiert, wenn ich mit der Nadel in einen verzauberten Ballon steche?

☐ Passt auf, ich werde diesen Ballon jetzt verzaubern.

☐ Liebes Publikum, vielen Dank für eure Aufmerksamkeit!

☐ Was passiert, wenn ich mit dieser Nadel in einen Ballon steche?

☐ Schaut her, das passiert bei einem normalen Ballon.

☐ Hokuspokus sonderbar, Luftballon werd' unplatzbar!

⑦ Präsentiere den Zaubertrick nach den Zauberregeln, die du gelernt hast.

- eine Zauberpräsentation vorbereiten, einüben und vorführen
- Informationen aus Sachtexten verstehen, kombinieren und anwenden

① Lies den Text.

1. Alles zum Zaubern gut vorbereiten.
2. Zauberhut und Zauberstab besorgen.
   Du kannst auch basteln.
3. Als Zauberer oder Zauberin verkleiden.
4. Zaubertrick vor dem Spiegel üben.
5. Passenden Zauberspruch ausdenken.

② Beantworte die Fragen.

Was musst du besorgen?

____

Was musst du dir ausdenken?

____

③ Streiche die falschen Wörter durch.

Trick	Zeit	Witzen	laut	aufpasst	Publikum	Zuschauer	Zaubervorführung

Zeige den [Trick] [Mantel] erst, wenn du sicher bist.

Zaubere weit weg vom [Haus] [Publikum].

Lasse dir beim Zaubern [Zeit] [Ziel].

Sprich langsam und [laut] [undeutlich].

Lenke deine Zuschauer mit [lustigen Sprachen] [lustigen Sprüchen] ab.

- einen Anleitungstext verstehen • Fragen zum Text beantworten
- zutreffende und unzutreffende Wörter zur Verständnissicherung unterscheiden

KV 16b Der verzauberte Luftballon

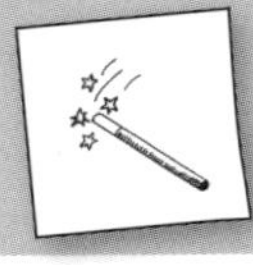
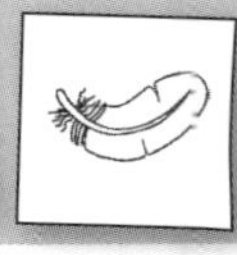

Das brauchst du:
- zwei Luftballons
- Klebestreifen
- eine Stecknadel

(4) Lies die Schritte zur Vorbereitung.

1. Blase beide Luftballons auf.

2. Knote sie zu.
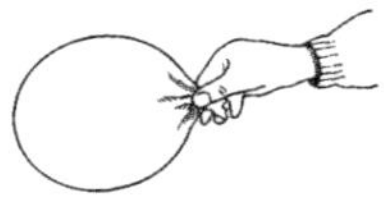
3. Klebe auf einen Luftballon ein Kreuz aus mehreren Klebestreifen.
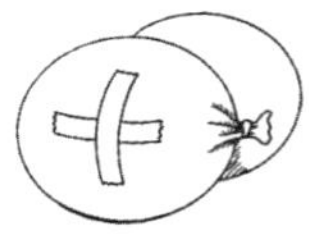
4. Lege die Stecknadel bereit.
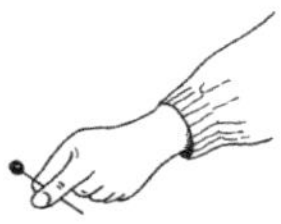

---

(5) Lies die Schritte zur Vorführung.
Ordne die Sprechblasen den Schritten zu.

1. Sage deinem Publikum Guten Tag.
2. Frage, worum es in deinem Zaubertrick geht. Lasse den normalen Ballon mit Hilfe der Stecknadel platzen.
3. Frage, was bei einem verzauberten Ballon passiert.
4. Verzaubere den vorbereiteten Ballon. Achtung! Zeige dem Publikum die Seite ohne Klebestreifen! Stich die Nadel genau in das Klebestreifenkreuz.
5. Verabschiede dich von deinem Publikum.

◯ *Liebes Publikum, herzlich willkommen!*

◯ *Liebes Publikum, vielen Dank für eure Aufmerksamkeit!*

◯ *Worum geht es wohl in meinem Zaubertrick? Was passiert, wenn ich mit dieser Nadel in einen Ballon steche?*

◯ *Aber was passiert, wenn ich mit der Nadel in einen verzauberten Ballon steche?*

◯ *Hokuspokus sonderbar, Luftballon werd unplatzbar!*

---

(6) Führe den Zaubertrick vor.

- eine Zauberpräsentation vorbereiten, einüben und vorführen
- Informationen aus Sachtexten verstehen, kombinieren und anwenden

KV 17a Die magischen Bänder: 1. Zaubertrick

(1) **Lies die Anleitung.**

1. Zeichne auf einem Bogen Packpapier mit dem Lineal zwei lange Streifen. Jeder Streifen soll ungefähr vier Zentimeter breit und einen Meter lang sein.
2. Schneide beide Streifen ab.
3. Klebe die beiden Enden des ersten Streifens so zusammen, dass ein geschlossener Ring entsteht. Achtung: Nicht verdrehen!
4. Bei dem zweiten Streifen drehst du vor dem Kleben ein Ende um. Die Unterseite soll oben sein. Dann klebst du den verdrehten Streifen zusammen.

Das brauchst du:

- ◯ eine Rolle Packpapier
- ◯ Kleber
- ◯ ein Lineal
- ◯ einen Bleistift
- ◯ eine Schere

---

(2) **Nummeriere die Dinge, die du brauchst, in der Reihenfolge der Arbeitsschritte.**

---

(3) **Ergänze die Sätze.**

Für den Arbeitsschritt ______ brauche ich ________________________________ ,

________________________ und ________________________ .

In den Arbeitsschritten 3 und 4 brauche ich ____________________ .

---

(4) **Stelle die Bänder nach der Anleitung her.**

---

(5) **Führe den Zaubertrick vor.**

1. Lasse einen Zuschauer das erste Band der Länge nach auseinanderschneiden. Es entstehen zwei Bänder.
2. Sprich zu dem zweiten Band einen Zauberspruch. Schneide es dann genauso der Länge nach durch. Alle werden staunen, was passiert.

- eine Zauberanleitung verstehen, vorbereiten und vorführen • Material und Arbeitsschritte kombinieren
- Sätze zur Verständnissicherung ergänzen

KV 17b Die magischen Bänder: 2. Zaubertrick

Das brauchst du:
- ein DIN-A4 Blatt Papier
- einen Bleistift
- ein Lineal
- eine Schere

⑥ Lies die Anleitung.

1. Schneide von der langen Seite des Blattes einen Streifen ab. Er soll ungefähr drei Zentimeter breit sein.
2. Zeichne auf beiden Seiten des Streifens zwei Linien ein. Die Linien der Vorderseite und der Rückseite müssen aufeinanderliegen.
3. Klebe die beiden Enden zusammen. Verdrehe dabei vorher den Streifen. Die Linien liegen genau aneinander.
4. Suche dir nun einen Punkt auf einer Linie und schneide von dort an der Linie entlang.

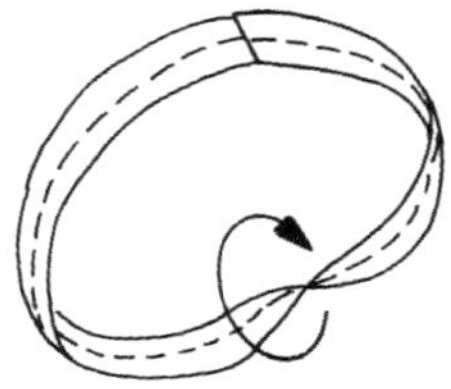

⑦ Was meinst du, was passiert? Vermute, kreuze an und male.

- ☐ Es entsteht ein einziges, ganz langes Band.
- ☐ Es entstehen zwei einzelne, gleich lange Bänder.
- ☐ Es entstehen drei gleich lange Bänder.
- ☐ Es entsteht etwas ganz anderes entsteht, nämlich:

____

⑧ Probiere den Zaubertrick aus.

⑨ Verbinde die Satzteile zu einem passenden Zauberspruch.

Schere, Schere, du musst wandern,	immer gerade und nicht krumm.
will ich hier in meiner Hand!	Ein kurzes an einem langen Band,
von dem einen Strich zum andern.	Zweimal schneid' ich rundherum,

- eine Zauberanleitung verstehen und umsetzen
- Vermutungen äußern
- einen passenden Satz bilden

KV 17a Die magischen Bänder: 1. Zaubertrick

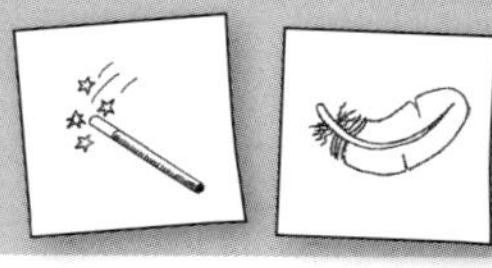

① Lies die Anleitung.

Das brauchst du:
- eine Rolle Packpapier
- Kleber
- ein Lineal
- einen Bleistift
- eine Schere

1. Zeichne auf einen Bogen Packpapier zwei lange Streifen. Jeder Streifen soll vier Zentimeter breit und einen Meter lang sein.

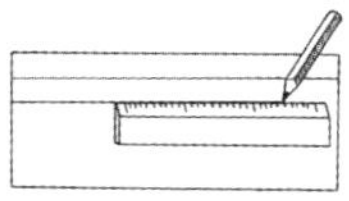

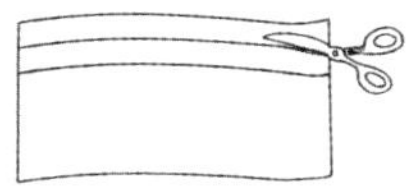

2. Schneide beide Streifen ab.

3. Klebe die beiden Enden des ersten Streifens zusammen. Es muss ein geschlossener Ring entstehen. Achtung: Nicht verdrehen!

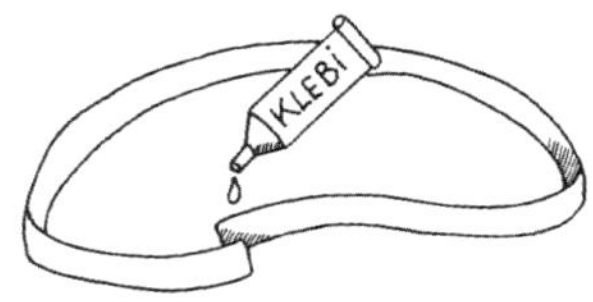

4. Bei dem zweiten Streifen drehst du vor dem Kleben ein Ende um. Die Unterseite soll oben sein. Dann klebst du den verdrehten Streifen zusammen.

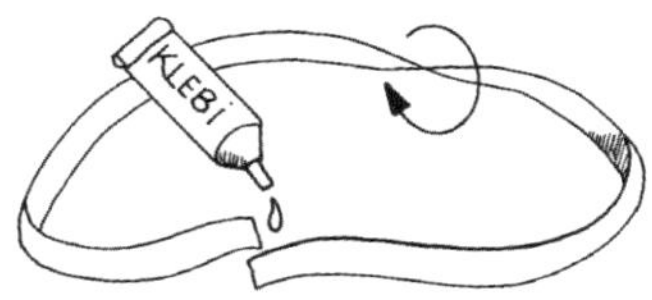

② Ergänze die Sätze.

Für den Arbeitsschritt ___1___ brauche ich ______________________,

______________________ und ______________________.

In den Arbeitsschritten 3 und 4 brauche ich ______________________.

③ Stelle die Bänder nach der Anleitung her.

④ Führe den Zaubertrick vor.

1. Lasse einen Zuschauer das erste Band auseinanderschneiden. Es entstehen zwei Bänder.
2. Sprich zu dem zweiten Band einen Zauberspruch. Schneide es dann genauso der Länge nach durch. Alle werden staunen, was passiert.

- eine bildunterstützte Zauberanleitung verstehen, vorbereiten und vorführen
- Sätze zur Verständnissicherung ergänzen

KV 17b Die magischen Bänder: 2. Zaubertrick

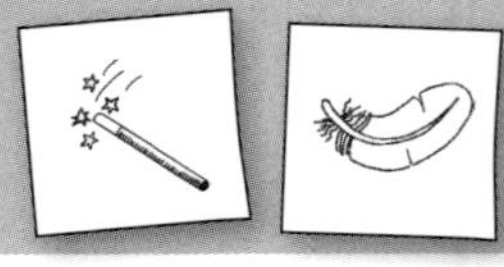

Das brauchst du:
- ein DIN-A4 Blatt Papier
- einen Bleistift
- ein Lineal
- eine Schere

(5) Lies die Anleitung.

1. Schneide von der langen Seite des Blattes einen Streifen ab. Er soll ungefähr drei Zentimeter breit sein.

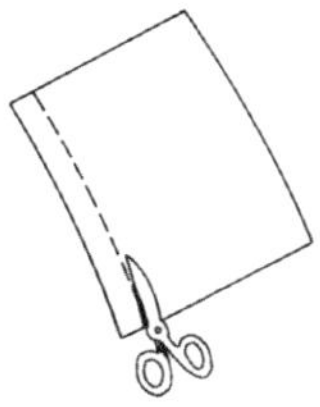

2. Zeichne auf beiden Seiten des Streifens eine Linie ein. Die Linien der Vorderseite und der Rückseite müssen aufeinanderliegen.

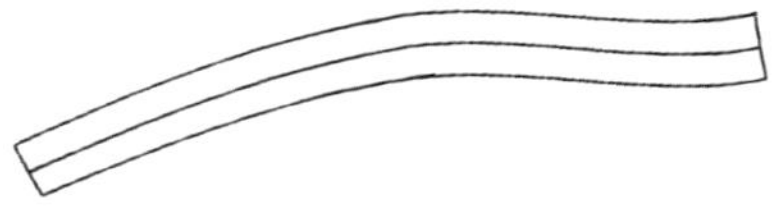

3. Klebe die beiden Enden zusammen. Verdrehe dabei vorher den Streifen. Die Linien liegen genau aneinander.

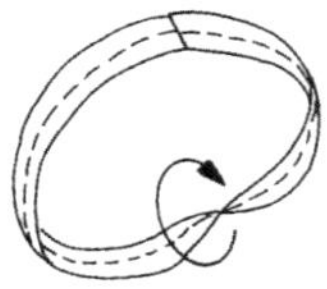

4. Suche dir nun einen Punkt auf einer Linie und schneide von dort an der Linie entlang.

(6) Probiere den Zaubertrick aus.

(7) Was ist passiert? Kreuze an und male.

- ☐ Es entsteht ein einziges, ganz langes Band.
- ☐ Es sind zwei verschlungene Bänder, eins lang und eins kurz.

(8) Verbinde die Satzteile zu einem passenden Zauberspruch.

Schere, Schere, du musst wandern,	immer gerade und nicht krumm.
Zweimal schneid' ich rundherum,	von dem einen Strich zum andern.
Ein kurzes an einem langen Band,	will ich hier in meiner Hand!

- eine bildunterstützte Zauberanleitung verstehen und umsetzen
- zutreffende und unzutreffende Aussagen unterscheiden • einen passenden Satz wählen

KV 18a Die Geisterschachtel

Das brauchst du:
- eine halb volle und drei leere Streichholzschachteln
- einen Gummiring
- Papier
- Klebestreifen
- Farbstifte
- ein langärmeliges Zaubererhemd

(1) Die Schritte zur Vorbereitung sind vertauscht. Nummeriere sie in der richtigen Reihenfolge.

◯ Male **dann** lustige Geister darauf.

◯ Beklebe **zuerst** die drei leeren Schachteln mit Papier.

◯ Ziehe den Ärmel über die halbvolle Schachtel. Jetzt kann niemand die Schachtel sehen.

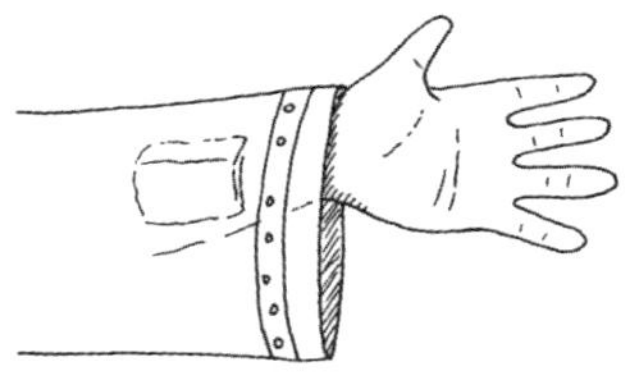

◯ Binde dir die halbvolle Schachtel mit dem Gummiring um den linken Unterarm.

◯ Lege **zuletzt** die drei anderen Schachteln nebeneinander vor dich auf den Tisch.

---

(2) Lies die Schritte zur Vorführung.

1. Erzähle den Zuschauern: „In einer Schachtel wohnt ein Klappergeist. Passt genau auf, in welcher. Wetten, dass ihr den Geist nicht findet?"
2. Nimm die erste Schachtel in die rechte Hand und schüttele sie. Nichts ist zu hören.
3. Mache das Gleiche mit der zweiten Schachtel. Wieder nichts!
4. Benutze für die letzte Schachtel deine linke Hand. Schüttele sie. Die Zuschauer hören das Klappern der Streichhölzer.
5. Verschiebe nun die Schachteln mehrmals.
6. Lasse die Zuschauer danach raten, welche die Geisterschachtel ist. Schüttele diese Schachteln mit der rechten Hand. So werden deine Zuschauer die richtige Schachtel nie erraten.

---

(3) Beantworte die Fragen.

Für welche Schachtel nimmst du die linke Hand? ______________________

Warum klappert die Schachtel, die du mit der linken Hand bewegst?

____

____

- eine Zauberanleitung ordnen und verstehen
- Fragen zur Verständnissicherung beantworten

KV 18b Die Geisterschachtel

(4) **Lies die Erklärungen des Zaubermeisters.**
Schreibe dann die Fragen des Zauberlehrlings darüber.

Lehrstunde für einen Zauberlehrling

Wie voll soll die Geisterschachtel sein?

Die Schachtel soll nur halb voll sein, weil es dann besser klappert.

____

Die vierte Schachtel verschwindet doch unter deinem Ärmel!

____

Wenn du Linkshänder bist, versteckst du die Schachtel besser am rechten Arm.

____

Der Zaubertrick kann nur gut klappen, wenn du ihn gut übst.

____

Achte besonders darauf, dass du immer die richtige Hand nimmst.
Die Hölzer dürfen nur klappern, wenn sie es sollen.

____

Du kannst so viele Zuschauer raten lassen, wie du willst.
Aber denke daran: Verrate dich nicht!

(5) **Führe jetzt den Zaubertrick vor.**

- zur Verständnissicherung Fragen zu Textaussagen finden
- Informationen praktisch umsetzen

KV 18a Die Geisterschachtel

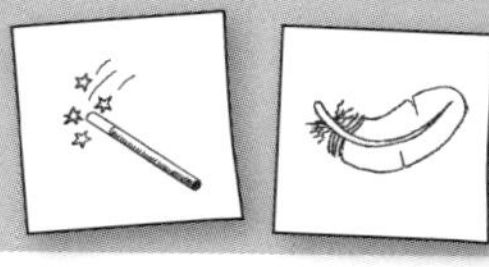

Das brauchst du:
- eine halb volle und drei leere Streichholzschachteln
- einen Gummiring
- Papier
- Klebestreifen
- Farbstifte
- ein langärmeliges Zaubererhemd

① **Lies die Schritte zur Vorbereitung.**

1. Beklebe die drei leeren Schachteln mit Papier.

2. Male lustige Geister darauf.

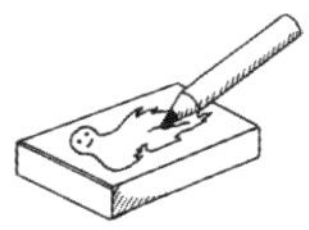

3. Binde dir die halbvolle Schachtel mit dem Gummiring um den **linken** Unterarm.

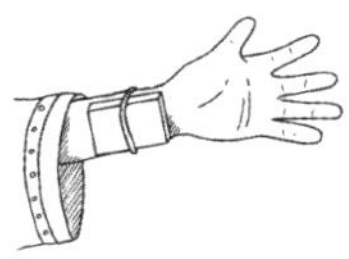

4. Ziehe den Ärmel über die halbvolle Schachtel. Jetzt kann niemand die Schachtel sehen.

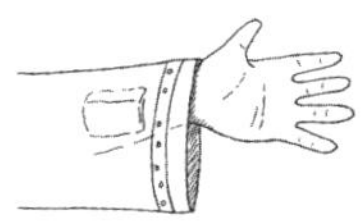

5. Lege die drei anderen Schachteln nebeneinander vor dich auf den Tisch.

② **Lies die Schritte zur Vorführung.**

1. Erzähle den Zuschauern: „In einer Schachtel wohnt ein Klappergeist. Passt genau auf, in welcher. Wetten, dass ihr den Geist nicht findet?"

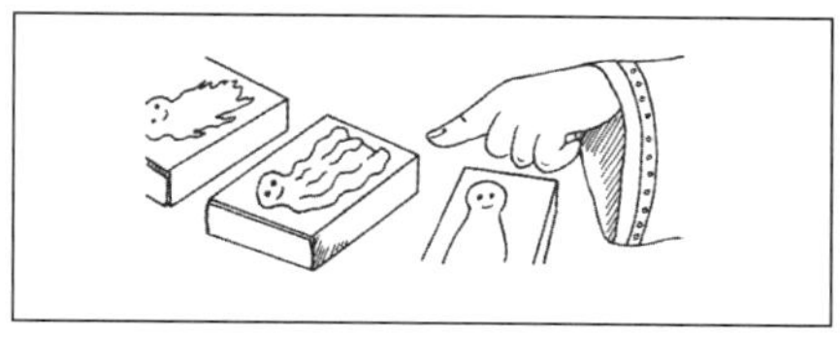

2. Nimm die erste Schachtel in die **rechte** Hand und schüttele sie. Nichts ist zu hören.

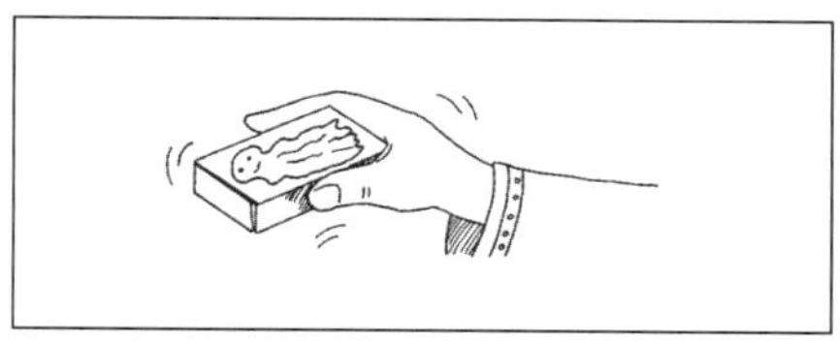

3. Mache das Gleiche mit der zweiten Schachtel. Wieder nichts!

4. Benutze für die letzte Schachtel deine **linke** Hand. Schüttele sie. Die Zuschauer hören das Klappern der Streichhölzer.

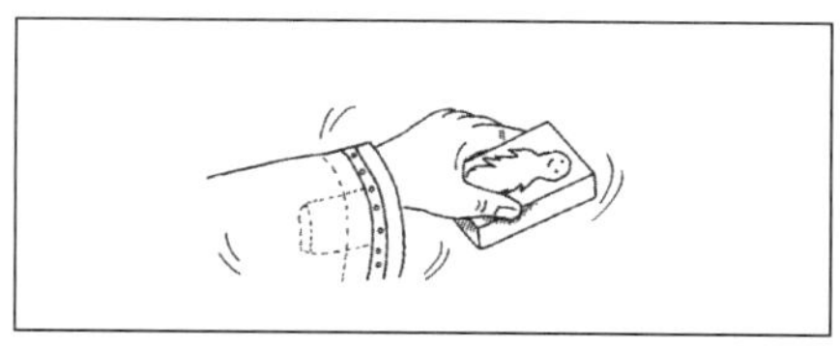

5. Verschiebe nun die Schachteln mehrmals.

6. Lasse die Zuschauer danach raten, welche die Geisterschachtel ist.

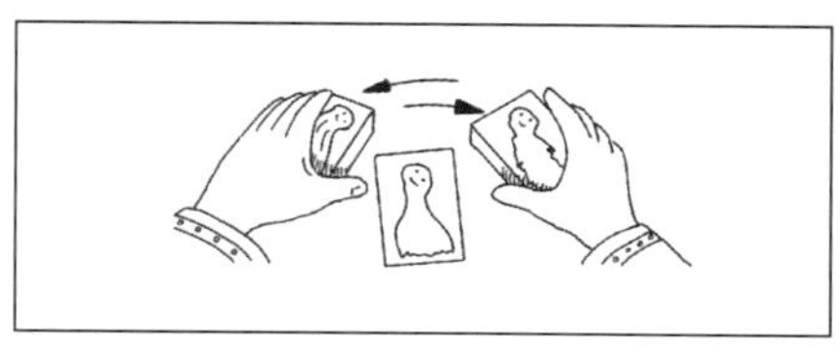

- eine bildunterstützte Zauberanleitung verstehen

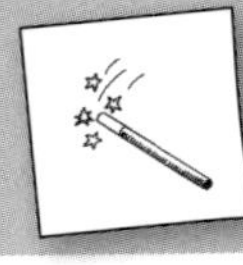
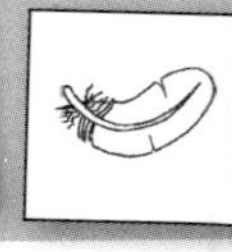

③ Ergänze die Sätze.

Zwei leere Schachteln nehme ich in die ______________ Hand.

Die dritte leere Schachtel nehme ich in die ______________ Hand.

---

④ Beantworte die Fragen.

Wo ist die Geisterschachtel beim Zaubertrick?

Sie	unter	dem Ärmel.	ist

____

Was mache ich als Linkshänder?

Ich	am	die Geisterschachtel	rechten Arm.	verstecke

____

____

Worauf muss ich besonders achten?

Nimm	die richtige Hand!	immer

____

---

⑤ Führe jetzt den Zaubertrick vor.

- zur Verständnissicherung Satzergänzungen vornehmen und Fragen mit Hilfe von vorgegebenen Stichwörtern beantworten
- einen Zaubertrick vorführen

Spülix

ANHANG 2
zu KV 4a

Zusätzliche Texte zum Tier-Faltbuch

Der **Biber** hat braunes Fell und einen breiten, platten Schwanz. Der Schwanz ist mit einer lederartigen Haut bedeckt. Er dient beim Tauchen als Steuer. Der Biber lebt in Gewässern und am Ufer. Er baut sein Haus aus Baumstämmen. Der Biber frisst Kräuter, Sträucher und Wasserpflanzen. Der Biber kann im Wasser bis zu 20 Minuten die Luft anhalten.

Das **Wildschwein** ist ein Allesfresser. Es durchwühlt den Boden nach Wurzeln, Würmern, Mäusen und Schnecken. Sein Gebiss ist so stark, dass es sogar Kokosnüsse aufknacken kann. Das Wildschein hat braunes, borstiges Fell. Es hat einen massigen Körper und kurze Beine. Das Wildschwein lebt in Wäldern und Sumpfgebieten.

✂ -

Der **Uhu** hat einen runden Kopf mit Federohren. Seine runden Augen leuchten gelb. Der Uhu lebt im Gebirge, aber auch im Flachland. Er frisst am liebsten Igel, Ratten, Mäuse oder Vögel. Seine Augen kann der Uhu nicht bewegen. Dafür kann er seinen Kopf fast einmal im Kreis drehen. So kann der Uhu besonders viel sehen.

Die **Fledermaus** schläft tagsüber in Felsspalten, Höhlen oder Ruinen. Dabei hängt sie mit dem Kopf nach unten von der Decke. Das Fell der Fledermaus ist braun und seidig. Ihre Flügel sind mit einer besonderen Flughaut bespannt. Die Fledermaus gibt Laute von sich, die der Mensch nicht hören kann. Sie ernährt sich von Insekten, die sie meist im Flug fängt.

① **Schneide unten die Bilder aus.**
Lies die Faltanleitung.
Klebe die Bilder zu den passenden Schritten.
Falte dann dein Buch.

1. Lege ein leeres Blatt DIN A4 so auf den Tisch, dass eine lange Seite an der Tischkante liegt. Falte es einmal von oben zur Tischkante. Klappe es wieder auf.

2. Drehe das Blatt so, dass es mit der kurzen Seite an der Tischkante liegt. Falte es zur Tischkante. Klappe es wieder auf.

3. Siehst du die Faltlinie in der Mitte des Blattes? Falte das Blatt von der Tischkante bis zu dieser Faltlinie. Falte jetzt das Blatt von oben bis zur Faltlinie. Klappe alles wieder auf.

4. Falte noch einmal wie in Schritt 2 angegeben. Du siehst nun zwei Faltlinien: die eine geht von unten nach oben. Schneide nun von unten auf der Faltlinie bis zu dem Punkt, an dem sich die beiden Linien treffen.

5. Falte das Blatt wieder auf. Drehe es so, dass die lange Seite an der Tischkante liegt. Falte nun das Blatt von oben zur Tischkante. Halte das Blatt an den kurzen Seiten fest. Schiebe die Seiten in die Mitte.

6. Knicke die Seiten so, dass ein Buch daraus entsteht.

1.

2.

3.

4.

5.

6.

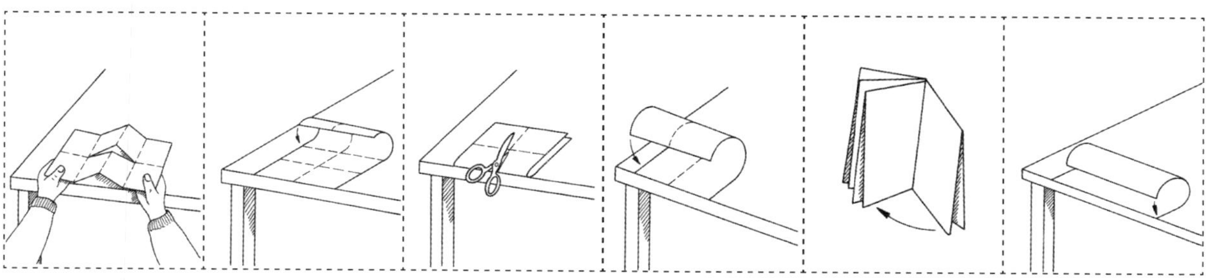

ANHANG 4
zu KV 4b, 7b

① **Sieh dir die Bilder genau an.**
Falte dann dein Buch.

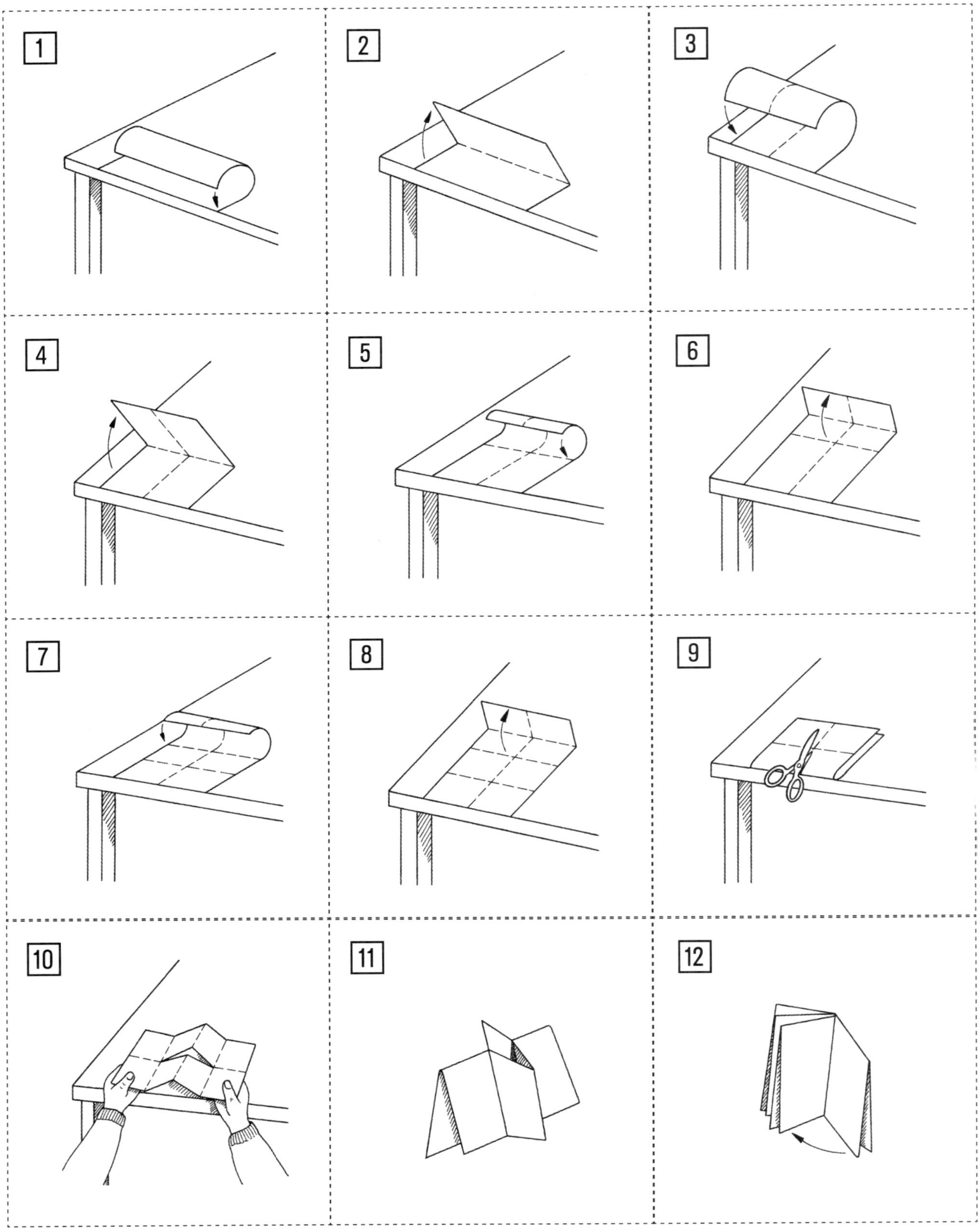

1000

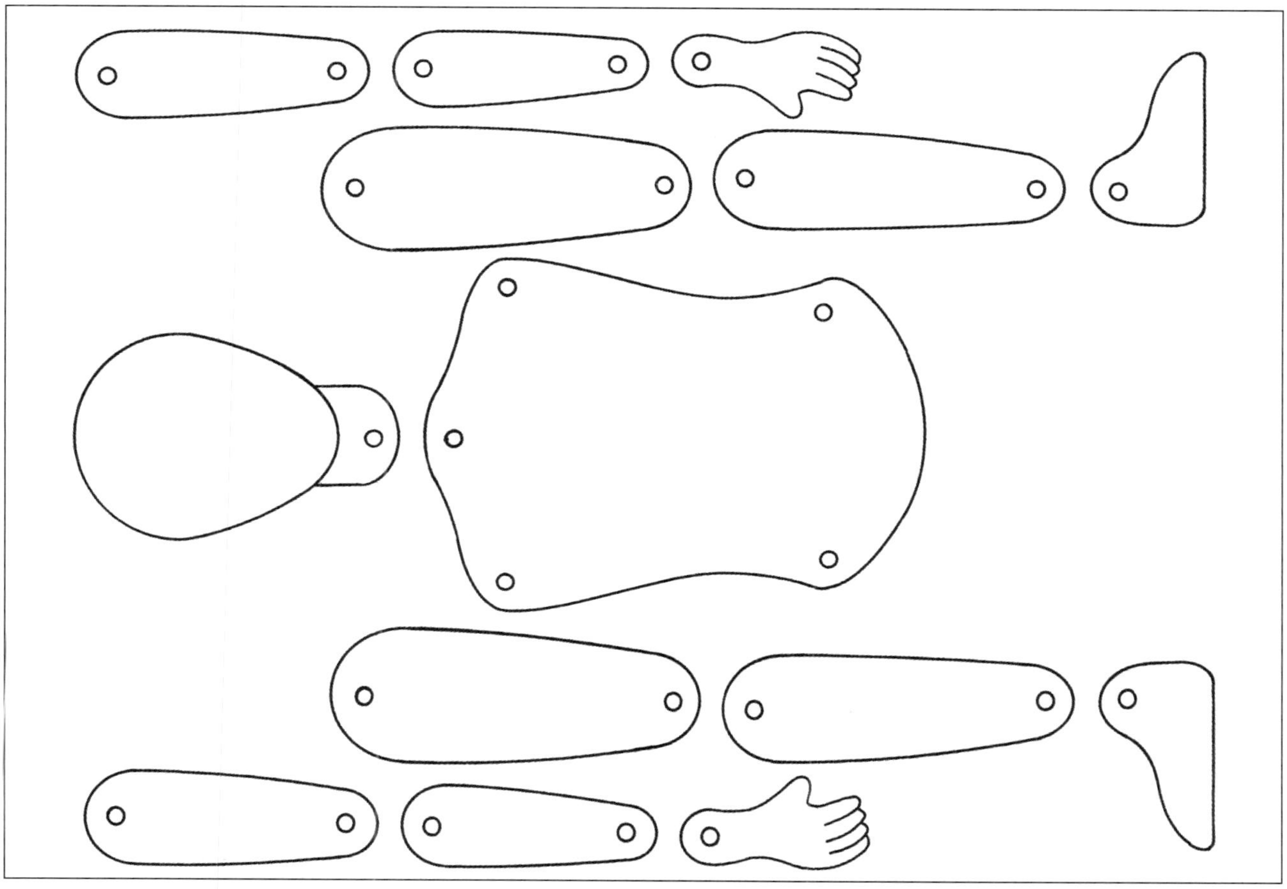

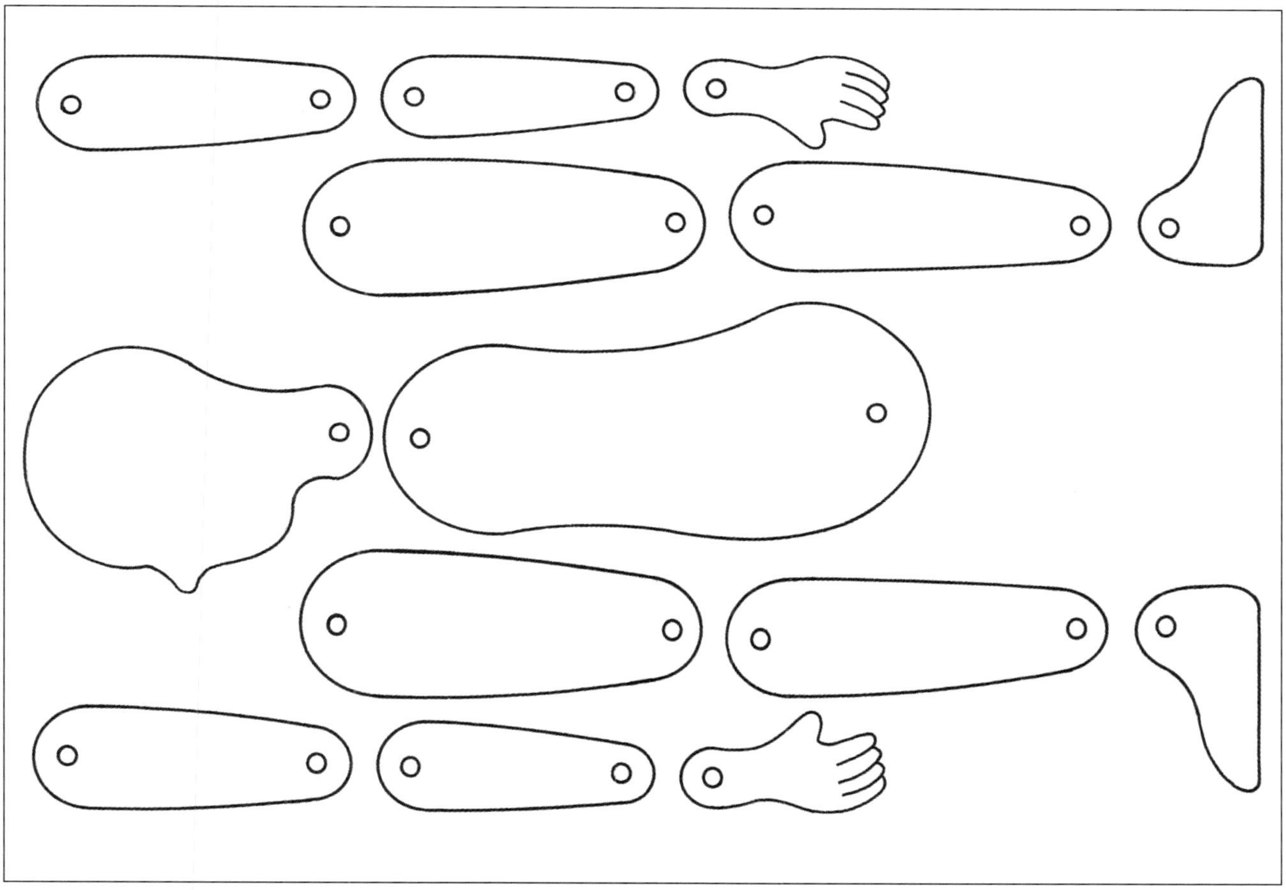

ANHANG 6
zu KV 7a

 = Land

 = Hauptstadt

 = Sprache

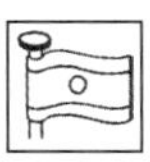 = Flagge

1000

Achtung: Im DIN-A3-Format kopieren!

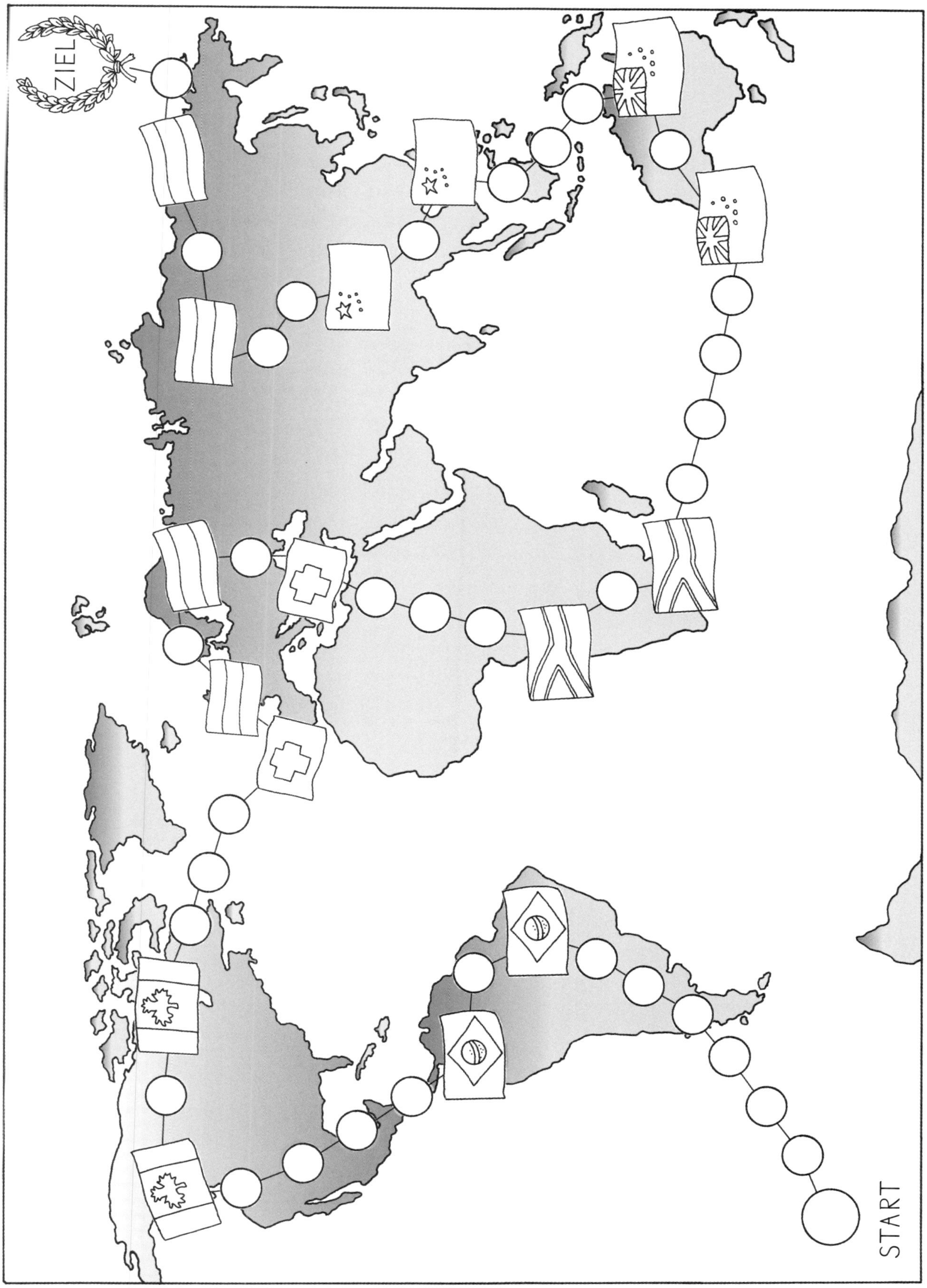

zu KV 14a

Ziehe den Strohhalm auf eine lange Schnur.	Spanne die Schnur quer durch den Raum. Sie muss straff sein und bergauf führen.	Blase den Ballon auf und halte ihn gut zu.
Ein Kind zieht den Stohhalm zum unteren Ende der Schnur.	Es klebt den Ballon an dem Strohhalm fest. Das andere Kind hält die Öffnung gut verschlossen.	Achtung! Die Öffnung muss nach unten zeigen.

Ziehe den Strohhalm auf eine lange Schnur.	Spanne die Schnur quer durch den Raum. Sie muss straff sein und bergauf führen.	Blase den Ballon auf und halte ihn gut zu.
Ein Kind zieht den Stohhalm zum unteren Ende der Schnur.	Es klebt den Ballon an dem Strohhalm fest. Das andere Kind hält die Öffnung gut verschlossen.	Achtung! Die Öffnung muss nach unten zeigen.

zu KV 15a

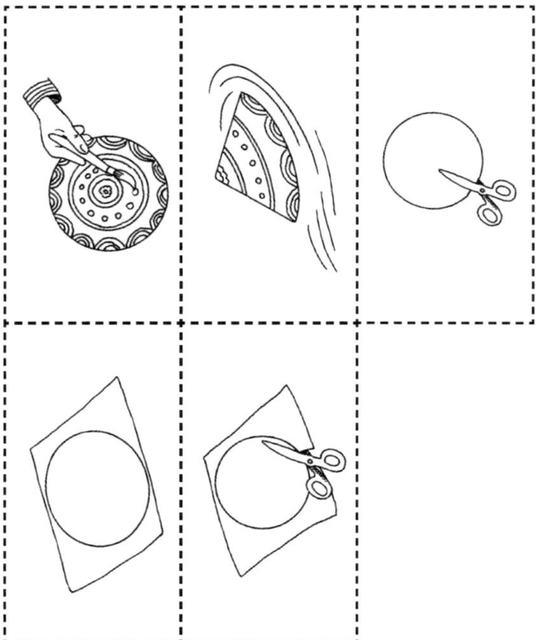

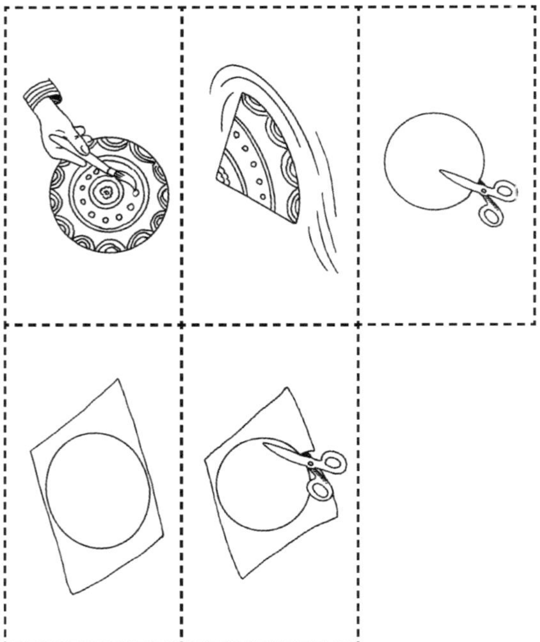